NOVOS ANDARILHOS DO BEM
Caminhos do Acompanhamento Terapêutico

Luciana Chaui-Berlinck

NOVOS ANDARILHOS DO BEM
Caminhos do Acompanhamento Terapêutico

autêntica

Copyright © 2012 Luciana Chaui-Berlinck
Copyright © 2012 Autêntica Editora

PROJETO GRÁFICO DE CAPA
Alberto Bittencourt

EDITORAÇÃO ELETRÔNICA
Christiane Morais

REVISÃO
Lílian de Oliveira
Aline Sobreira

EDITORA RESPONSÁVEL
Rejane Dias

Revisado conforme o Acordo Ortográfico da Língua Portuguesa de 1990, em vigor no Brasil desde janeiro de 2009.

Todos os direitos reservados pela Autêntica Editora. Nenhuma parte desta publicação poderá ser reproduzida, seja por meios mecânicos, eletrônicos, seja via cópia xerográfica, sem a autorização prévia da Editora.

AUTÊNTICA EDITORA LTDA.
Belo Horizonte
Rua Aimorés, 981, 8º andar . Funcionários
30140-071 . Belo Horizonte . MG
Tel.: (55 31) 3214 5700

Televendas: 0800 283 13 22
www.autenticaeditora.com.br

São Paulo
Av. Paulista, 2.073, Conjunto Nacional, Horsa I
11º andar, Conj. 1101 . Cerqueira César
01311-940 . São Paulo . SP
Tel.: (55 11) 3034 4468

Dados Internacionais de Catalogação na Publicação (CIP)
(Câmara Brasileira do Livro, SP, Brasil)

Chaui-Berlinck, Luciana
    Novos andarilhos do bem: caminhos do Acompanhamento Terapêutico / Luciana Chaui-Berlinck. -- Belo Horizonte : Autêntica Editora, 2012.

    Bibliografia
    ISBN 978-85-8217-062-5

    1. Análise do discurso 2. Acompanhamento Terapêutico (Psiquiatria) 3. Reforma Psiquiátrica - Brasil I. Título.

12-12093   CDD-150.195

Índices para catálogo sistemático:
1. Acompanhamento terapêutico : Instituição, psicanálise
   e análise do discurso : Psicologia 150.195

Ao Diego, à Naiene e ao Clovis, que apesar de não serem ats estão sempre me acompanhando pela vida. À minha mãe, que mesmo longe está sempre perto.

No caminho da cidade,
Oh vós, homens que andais pelo caminho,
Olhai-me, cercai-me todos, abraçai-me,
Abraçai-me de amor e de amigo, na meiga carícia indecisa,
Cegos, mudos, viris, na imperfeição irremediável!

Mário de Andrade

Sumário

11. **Prefácio** – *Kleber Barretto*

15. **Introdução** – Novos andarilhos do bem

19. **Capítulo 1** – O movimento antipsiquiátrico e a luta antimanicomial: campo fértil para o nascimento do Acompanhamento Terapêutico
    19. O campo fértil
    25. O nascimento e o desenvolvimento do AT

41. **Capítulo 2** – Exame da literatura sobre Acompanhamento Terapêutico

51. **Capítulo 3** – A Análise Institucional do Discurso e os procedimentos da pesquisa
    53. Procedimentos
    55. Roteiro Entrevista AT

57. **Capítulo 4** – O Acompanhamento Terapêutico, seus atores e sua objetivação no discurso das ats: análise das entrevistas
    57. A objetivação do paciente/cliente no discurso das ats
    70. A subjetivação do acompanhante no discurso das ats: a magia *benandanti*
    104. O Acompanhamento Terapêutico na fala das ats
    114. O AT como vivência
    134. Síntese

143. Capítulo 5 – Reflexões sobre as transformações do Acompanhamento Terapêutico

    143. O AT ontem

    151. O AT hoje

163. Considerações finais

    163. A necessidade de uma rede social

    164. A dimensão subjetiva do at

    165. Os contornos da profissão

169. Referências

Prefácio

Kleber Barretto[1]

O campo do Acompanhamento Terapêutico (AT) vem se constituindo, ao longo dos anos, não só como uma modalidade de intervenção clínica, mas também como um campo de pesquisa. O resultado dessa evolução implica o aparecimento de massa clínica e crítica, e em uma perspectiva polifônica vemos a publicação de trabalhos rigorosos e de grande envergadura teórica e científica. Uma das marcas da produção do AT no Brasil é que, em sua maior parte, resulta de pesquisas de mestrado e doutorado. Este livro de Luciana Chaui-Berlinck se insere nessa vertente, pois é fruto de sua tese de doutorado, agora revisada e ampliada.

Novos andarilhos do bem – Caminhos do Acompanhamento Terapêutico traz uma contribuição bastante importante tanto para o campo do AT quanto para o campo da Saúde Mental. A autora revela, por meio de uma apresentação cuidadosa e rigorosa, as origens do AT, contextualizando-as na história do movimento psiquiátrico de reforma ocorrido, principalmente, na segunda metade do século XX, o qual acarretou mudanças significativas e estruturais na maneira de tratar os chamados "doentes mentais". A exclusão e a segregação pela internação em instituições manicomiais passaram a ser combatidas e transformadas por diferentes propostas, como as comunidades terapêuticas e os hospitais-dia, entre outros recursos. O AT surge como um procedimento clínico-político de vital importância nesse processo que ainda se estende até os dias atuais. O acompanhante terapêutico é um dos agentes que podem

---

[1] Graduado, mestre e doutor em Psicologia, é pesquisador e supervisor na área de Acompanhamento Terapêutico (AT) da Universidade Paulista. Tem experiência na área de Psicologia, com ênfase em Psicologia Clínica.

contribuir para o resgate da cidadania de pessoas que foram destituídas de direitos fundamentais: não somente aqueles que foram internados em instituições asilares, mas também aqueles que transformaram sua residência ou seu quarto em lugar de exílio e exclusão.

Os acompanhantes terapêuticos, *andarilhos do bem* da atualidade, unem suas forças para combater o mal da exclusão e da segregação. O livro reconstrói os principais caminhos e – por que não? – descaminhos desse campo: suas principais inserções, suas diversidades teóricas e seus incontáveis desafios. Utilizando-se do método da análise institucional do discurso, a autora se debruça sobre as principais produções bibliográficas e algumas entrevistas que realizou com acompanhantes terapêuticos graduados em diferentes cursos. É na análise desses discursos que a autora nos apresenta as riquezas, as errâncias, as fragilidades e as inconsistências do campo em questão. Se, por um lado, em alguns momentos, causa certo constrangimento ao nos revelar o estado da arte em que estamos, por outro lado, entusiasma-nos diante da necessidade de enfrentar os desafios dessa prática e avançar em suas fundamentações e articulações teóricas.

Poderíamos dizer que a diversidade atravessa o AT:

1. Inserção: apesar de surgir no campo da Saúde Mental, o AT já se faz presente na Saúde em geral; no campo da Educação, por meio do trabalho de inclusão; e no campo Judiciário, nas intervenções com liberdade assistida (LA), situações de abrigamento e moradores de rua, e também com populações de Hospitais de Custódia (antigos Manicômios Judiciários);

2. Formação: apesar de a maioria dos acompanhantes serem estudantes ou graduados em Psicologia, há muitos que vêm de outras áreas, como Terapia Ocupacional, Enfermagem, Fisioterapia, Educação Física, Assistência Social, Medicina, Fonoaudiologia, entre outras;

3. Referencial teórico: há uma predominância das diferentes psicanálises, mas já dispomos de publicações com fundamentações comportamentais, cognitivistas, esquizoanalíticas, *gestalt*, fenomenológicas, etc.

Os caminhos aqui apresentados fazem referência a essa diversidade, mas a discussão privilegia o campo da Saúde Mental, sem dúvida o mais hegemônico na área do AT, e a escolha teórica também é precisa, já que não era objetivo do trabalho apresentar as diferentes concepções teóricas existentes no campo.

Além de abordar os principais dilemas e questões do AT, a discussão proposta pela autora contribui de forma valiosa para aspectos como a construção de redes sociais, o cuidado com a subjetividade do acompanhante e a tríade formação-formalização-profissionalização dessa atividade.

Este trabalho merece ser lido e estudado por curiosos, iniciantes e profissionais experientes, que reconhecerão o esforço e a dedicação da autora, além de seu rigor de pensamento e sua capacidade de articular e discutir aspectos fundamentais desse campo. Sem dúvida alguma, o leitor tem em mãos um livro que merece e oferece companhia!

Introdução
Novos andarilhos do bem

Este trabalho é fruto de uma tese de doutorado e surgiu de reflexões feitas quando reformulávamos o projeto pedagógico de um curso de psicologia em conformidade com as novas diretrizes curriculares nacionais. As novas diretrizes para os cursos de psicologia preveem que a formação do psicólogo se dê de tal forma que os egressos desses cursos estejam preparados para trabalhar com a diversidade e com a multidisciplinaridade. Ao pensarmos nas exigências das diretrizes para esta formação, fomos levados a discutir as várias possibilidades e os vários instrumentos que teríamos para alcançar tal objetivo. Dessa maneira, o Acompanhamento Terapêutico (AT)[2] veio compor nosso quadro de possibilidades instrumentais. A partir de então, começamos a estudar e refletir sobre o Acompanhamento Terapêutico. Portanto, nossas questões foram se delineando nessas bases.

Perguntávamo-nos se estaria o AT de acordo com o movimento mundial de reformas psiquiátricas, com os movimentos brasileiros de construção da cidadania como subjetividade portadora de direitos e com as questões da luta antimanicomial. Indagávamos se o AT poderia auxiliar na preparação dos futuros psicólogos para o trabalho tal qual previsto nas novas diretrizes curriculares cujo discurso está pautado nas referidas ideias.

À medida que aprofundávamos nossos estudos, decidimos que a pesquisa da tese de doutorado não deveria incluir somente os aspectos teóricos e históricos do Acompanhamento Terapêutico, mas também era imprescindível incluir as vozes dos acompanhantes terapêuticos e buscar entender como constroem seus discursos acerca do trabalho como ats e

---

[2] Para facilitar a diferenciação dos termos, utilizaremos maiúsculas para Acompanhamento Terapêutico (AT) e minúsculas para acompanhante terapêutico (at).

do AT. Para isso entrevistamos algumas acompanhantes terapêuticas e, ao nos depararmos com os discursos presentes nas entrevistas, pudemos perceber que encenam suas práticas como um encontro com o sofrimento psíquico do outro e se referem aos esforços que realizam para minorá-lo.

Ocorreu-nos, então, que os acompanhantes terapêuticos são como *benandanti*, que seguem seus pacientes na intenção de fazer o bem. Em *Andarilhos do bem* (1988), Carlo Ginzburg nos apresenta os *benandanti*: com base nos relatos dos camponeses friulanos, conservados em arquivos de processos religiosos, conta-nos o historiador que os *andarilhos do bem* eram homens e mulheres que carregavam caules de erva-doce nas mãos e curavam os enfeitiçados, pois, escreve ele, "os feiticeiros e feiticeiras, quando partem, vão fazer o mal, e é preciso que sejam seguidos pelos *benandanti* para impedi-los" (GINZBURG, 1988, p. 21). O contraponto do bem e do mal é universal, não havendo cultura alguma que não o faça, ainda que cada uma os conceba de modo diferente. Sabemos, como narra Foucault (1978), que na cultura ocidental moderna o bem foi identificado com o bom uso da razão, o mal, com a desrazão, e esta última veio localizar-se na loucura, cujo cuidado ficou a cargo da psiquiatria, a partir da prática do internamento e do isolamento dos considerados loucos.[3] Podemos, dessa maneira, pensar nossos acompanhantes terapêuticos como modernos andarilhos do bem, aqueles que combatem o mal da discriminação social e da exclusão, buscando romper com os preconceitos que encerram e segregam os indivíduos chamados "loucos". Veremos que o Acompanhamento Terapêutico origina-se no contexto de um movimento de reforma psiquiátrica e de luta contra o manicômio e a segregação dos indivíduos, contra a ideia da loucura como o mal e do louco como o mal encarnado. Assim, da mesma maneira que os *benandanti* seguiam os feiticeiros para impedi-los de fazer o mal, os ats buscam impedir o mal da segregação. E, assim como Ginzburg (1988) pesquisou o testemunho dos camponeses friulanos, nós, analogamente, pesquisamos o testemunho de acompanhantes terapêuticos.

A estrada pela qual andam nossos *benandanti* é ladrilhada pelo sofrimento e pela angústia que se exprimem no discurso dos acompanhantes quando falam do seu fazer, evidenciando que estes são constituintes da prática do Acompanhamento Terapêutico. Donde se pode inferir que essa prática está fundamentada na Psicopatologia, cujo objeto é o sofrimento.

Vindo do grego, *pàthos* significa paixão, entendida como uma disposição extremamente móvel causada pela ação de algo exterior que afeta o corpo e a alma de um ser humano. Por extensão, esse vocábulo também significa um

---

[3] Para este assunto veja, no Capítulo 1, o tópico "O campo fértil".

acontecimento doloroso, um infortúnio, um sofrimento da alma. Em grego, alma se diz *psyché* e, assim, o *pàthos* é a paixão que afeta a psique humana. Ora, em latim, *pàthos*, a paixão, chama-se *perturbatio*, perturbação ou movimento intenso, descontrolado, desmedido e irresistível provocado na alma de um ser humano por um acontecimento externo, por um outro ser que afeta a alma de alguém. *Pàthos* e *perturbatio*, infortúnio, sofrimento, desmedida e passividade da *psyché* se referem, assim, ao mundo psíquico como dor, violência, desarmonia e angústia. Donde o uso da palavra *patologia* (composta de *páthos* e *lógos*, vocábulo grego que significa estudo, conhecimento, pensamento) para se referir ao estudo das causas e formas da desmedida e da desarmonia psíquicas de natureza afetiva. Na medida em que se trata do conhecimento de acontecimentos que afetam a psique humana, a disciplina científica que se dedica a tal estudo recebe o nome de *Psicopatologia*.[4] É ela que se encontra na base do Acompanhamento Terapêutico, que, como transparece nos discursos das ats entrevistadas, se dedica a cuidar do sofrimento psíquico e manter-se fiel ao sentido grego da palavra *therapeia*, cuidado, respeito, tratamento.

Do ponto de vista metodológico, a estratégia por nós utilizada para seguir os caminhos do Acompanhamento Terapêutico como construção teórica e como prática social de atendimento terapêutico consistiu em dois momentos distintos: inicialmente buscamos circunstanciar o Acompanhamento Terapêutico situando o momento histórico em que este surge, os principais aspectos constitutivos deste e ainda os discursos acadêmicos sobre o AT. A seguir, foram realizadas entrevistas com ats para compreender como estes se referem a suas práticas e ao AT. Assim, buscamos problematizar o discurso do at, uma vez que um operador conceitual-chave que orienta nosso pensamento é o de instituição entendida como práticas concretas que se repetem e que são reconhecidas como legítimas por aqueles que as fazem (GUIRADO, 2004). Assim, será no fazer naturalizado pelos atores (ats) que o AT será considerado por nós como uma *instituição*. Entendemos, assim, o Acompanhamento Terapêutico como uma prática de tratamento pautado fundamentalmente na relação intersubjetiva acompanhante/acompanhado, na qual as trocas afetivas, éticas e sociais são realizadas durante atividades cotidianas e, na maioria das vezes, no espaço público.

O objetivo geral deste livro é compreender o Acompanhamento Terapêutico como construção teórica e como prática social de atendimento terapêutico na contemporaneidade, a partir da perspectiva dos acompanhantes terapêuticos e da literatura sobre o tema.

---

[4] Cf. Maria Lúcia Borges Calderoni em apostila elaborada para o curso de Psicopatologia e Saúde Pública da Faculdade de Saúde Pública da USP.

Os objetivos específicos são:

- investigar a pluralidade de discursos sobre o AT, na teia discursiva repetida e legitimada por esses profissionais e pelos estudos deste campo;
- estudar como os profissionais que atuam como ats se referem a si mesmos e às suas ações no campo da saúde.

O primeiro capítulo configura nosso campo de pesquisa. Trata da história das reformas psiquiátricas e do surgimento do Acompanhamento Terapêutico, a fim de situar o leitor espaço-temporalmente. Também objetiva pensar sobre a condição do paciente e a do acompanhante. O primeiro pensado como "alienado" e/ou sujeito de direito, e o segundo percebido como um percurso que vai de "amigo" a "companheiro" e deste a "terapeuta". Parece-nos importante seguir um caminho que parta dos movimentos antimanicomiais ou de reformas psiquiátricas, pois as práticas de acompanhamento começam a existir dentro desses movimentos e, dessa maneira, determinaremos o lugar, o contexto interinstitucional do AT e quais traços desses pensamentos constituem o discurso do AT.

O segundo capítulo retoma a não extensa mas crescente literatura sobre AT. Buscamos explicitar as regularidades temáticas nela presentes, salientando alguns aspectos que permanecem nos discursos sobre o AT ao longo do tempo.

No terceiro capítulo, apresentamos o método de Análise Institucional do Discurso, estratégia de pensamento que organizou a pesquisa.

No quarto capítulo, apresentamos a análise das entrevistas cujos discursos circularam em torno do tema Acompanhamento Terapêutico e subjetivação e foram organizados em três grandes grupos temáticos: a objetivação do paciente/cliente no discurso dos ats; a subjetivação do acompanhante no discurso das ats; o Acompanhamento Terapêutico na fala dos acompanhantes.

O quinto capítulo é destinado à discussão da análise e reflexão sobre os modos de pensar o AT, ontem e hoje, por meio de um paralelo entre os discursos de nossas entrevistadas e discursos de ats de épocas anteriores. Isso nos permite identificar a existência de dois discursos sobre o AT: um no início das reformas psiquiátricas e outro atual, depois que muito foi pensado e feito. Buscamos mostrar como, a partir dos discursos analisados, se podem articular a prática e função do AT em nossa sociedade pós-moderna, com suas características próprias, e como isso definirá o AT, cuja história nasce das práticas discursivas das reformas psiquiátricas.

Nas considerações finais, apresentam-se as conclusão fundadas no percurso realizado.

Capítulo 1
O movimento antipsiquiátrico e a luta antimanicomial: campo fértil para o nascimento do Acompanhamento Terapêutico

O campo fértil

Apesar de toda a literatura sobre Acompanhamento Terapêutico tratar das questões históricas antecedentes e de seu nascimento, não podemos nos furtar de tal tarefa, uma vez que esta contextualização será importante para nossa discussão final. Embora não pretendamos abordar o tema de maneira aprofundada, é necessário iniciarmos por tempos um pouco mais remotos que o próprio AT.

Tudo começa pela questão da loucura e pelos questionamentos que vão surgindo e se vão impondo.

Michel Foucault, em *Doença mental e psicologia*[5] e *História da loucura na idade clássica* (1978), descreve e narra a transformação do fenômeno da loucura e da figura do louco da Antiguidade ao século XIX, enfatizando os dois momentos decisivos da transformação: os meados do século XVII, quando ocorre o fenômeno do internamento, e o final do século XIX, quando a loucura se torna objeto da psicologia e doença mental. Não que anteriormente a medicina não se ocupasse dos loucos, diz Foucault (1978), mas o fazia apenas nos momentos de frenesi, furor, acessos de melancolia, episódios de violência, isto é, aquelas manifestações esporádicas e passageiras que podiam ser tratadas com os procedimentos da época.

Até o século XVII, escreve Foucault (1962, p. 80), "A loucura é experimentada em estado livre; ela circula, faz parte do cenário e da

---
[5] Para esta pesquisa utilizamos o livro em francês *Maladie mentale et psychologie* (1962).

linguagem comuns, é para cada um uma experiência cotidiana que se busca mais exaltar do que dominar".

Nos meados do século XVII, porém, a loucura vai passar ao mundo da exclusão: surgem as grandes casas de internamento, nas quais ficam reclusos os inválidos, os mendigos, os idosos miseráveis, os desempregados reincidentes, os libertinos, os dissipadores e os loucos, em suma, todos aqueles inaptos ou perturbadores da ordem capitalista do trabalho, isto é, marcados pela *incapacidade em que se encontram de tomar parte na produção, na circulação ou na acumulação das riquezas*. Foucault (1978) observa que o internamento não tem *nenhuma vocação médica*. Essa mescla heterogênea de internados produziu sobre a loucura um efeito que permanece até nossos dias: ficou próxima de culpas morais e sociais, até que, a partir do século XIX, torna-se causa de crimes e, no século XX, descobre-se no centro da loucura um núcleo primordial de culpabilidade e agressão, numa palavra, doravante a loucura é criminalizada.

A partir do final do século XIX, a loucura muda de lugar: torna-se doença mental. Como *mental*, pertence ao campo da psicologia e, como *doença*, ao da medicina: seu espaço agora é o da psiquiatria. E, como ela vem criminalizada ou como moralmente culpada, a psiquiatria inferioriza, infantiliza e violenta o "louco".

As reflexões de Foucault (1978) encontrarão um forte eco na prática dos que se ergueram contra essa figura da loucura, contra o tratamento dado ao "louco" e a violência da psiquiatria.

Desde o final dos anos 1940, são realizadas na Inglaterra e na França experiências de comunidades terapêuticas à margem das instituições psiquiátricas tradicionais. Todavia, essas experiências não puseram explicitamente em questão a psiquiatria, seus conceitos e suas práticas. Isso ocorrerá na década de 1960, quando do próprio interior da psiquiatria surge uma proposta de transformação radical: é o movimento antipsiquiátrico. Na Inglaterra, nos Estados Unidos e na Itália surgem contestações e alternativas para os tratamentos psiquiátricos. O que se colocava em questão era a condição do indivíduo como um sujeito que fora privado de direitos por ser "doente mental".

Na Inglaterra, Laing (1972) e Cooper (1973) contestaram a separação entre normalidade e loucura; formaram um grupo de psiquiatras que, descontentes com o tratamento tradicional dispensado aos pacientes dos hospitais psiquiátricos, decidiram criar "casas" que recebessem pacientes psicóticos que demandassem acompanhamento, criando condições nas quais alternativas pudessem aparecer na relação técnico-paciente. Nos Estados Unidos, Thomas Szasz (1968) questionava o conceito de doença mental e, na Itália, Franco Basaglia (2001) acreditava que somente fora da instituição asilar é que uma relação terapêutica de ajuda com o indivíduo portador de psicopatologia poderia concretizar-se; para ele, era impossível que uma relação terapêutica verdadeiramente livre tivesse lugar em uma instituição cuja finalidade era vigiar.

Basaglia (2001), tomando como referência a expressão cunhada por Goffman (1985) – "instituições totais" –, falou em "instituições da violência" para referir-se aos hospitais psiquiátricos, que concentram os pacientes em grandes salas de onde ninguém pode sair, à agressividade de enfermeiros e médicos descarregada sobre os pacientes, aos instrumentos de tortura para "acalmar" os doentes, à falta de higiene nos quartos coletivos e nas celas. Escreve Basaglia:

> Analisando a situação do paciente internado num hospital psiquiátrico, podemos afirmar desde já que ele é, antes de mais nada, um homem sem direitos, submetido ao poder da instituição, à mercê, portanto, dos delegados da sociedade (os médicos) que o afastou e excluiu. [...] O diagnóstico assume o valor de um rótulo que codifica uma passividade dada por irreversível. No instante em que esta é considerada em termos de doença confirma-se a necessidade da sua separação e exclusão, sem que se ponha em questão o significado discriminatório do diagnóstico. Desta maneira, a exclusão do doente do mundo dos sãos libera a sociedade dos seus elementos críticos de uma só vez confirmando e sancionando a validade do conceito de norma que a sociedade estabeleceu. A partir dessas premissas a relação entre o doente e aquele que toma conta dele é forçosamente objetual, na medida em que a comunicação entre ambos ocorre somente através do filtro de uma definição, de um rótulo que não deixa qualquer possibilidade de apelo (BASAGLIA, 2001, p. 107-109).

Essas palavras de Basaglia (2001) ecoam as escritas por Foucault em 1962:

> O reconhecimento que permite dizer: este aqui é um louco, não é um ato simples nem imediato. Ele repousa, de fato, sobre um certo número de operações prévias e principalmente sobre o recorte do espaço social segundo as linhas da valorização e da exclusão. Quando o médico crê diagnosticar a loucura como um fenômeno

da natureza, na verdade é a existência desse limiar que lhe permite fazer um juízo sobre a loucura (FOUCAULT, 1962, p. 93).

Basaglia (2001) fala numa crise da psiquiatria que é também uma crise institucional, ambas, segundo ele, tendo a mesma causa, qual seja, a relação objetual estabelecida com o doente. Relação que, por reduzir um outro ser humano à condição de objeto ou de coisa, é uma relação de violência.

> O que caracteriza atualmente tal relação, em todos os níveis, (psiquiatra, família, instituições, sociedade) é a violência (a violência que serve de base para uma sociedade repressiva e competitiva) com que o perturbado mental é atacado e repelido (BASAGLIA, 2001, p. 126).

No Brasil, a ramificação do movimento antipsiquiátrico é a Luta Antimanicomial, que põe em pauta a discussão da condição do indivíduo "doente mental" como um não sujeito ou um indivíduo privado de direitos, denunciando a violação do direito à liberdade e à convivência social. As questões da saúde mental são, assim, conduzidas para o campo da ética e dos direitos humanos. Como observa Paulo Amarante:

> Atualmente, vários serviços de saúde mental ou de atenção psicossocial vêm sendo implantados no Brasil. A década de 1990 assistiu à produção de um bom número de novas instituições e experiências locais. Uma das necessidades atuais é a de compor uma rede de comunicação entre esses trabalhos, que possa enriquecê-los e fortalecê-los através de trocas e debate. A transformação que se opera na subjetividade dos doentes e da instituição, quando se trabalha para a desconstrução do paradigma psiquiátrico, pode ter grande amplitude, rompendo com conceitos e reinscrevendo a forma da loucura na sociedade (AMARANTE, 2001, p. 14).

Dessa maneira, podemos pensar que o questionamento feito pela antipsiquiatria em relação ao confinamento e à segregação nas instituições psiquiátricas dá o embasamento teórico para a ideia e o nascimento do Acompanhamento Terapêutico.

É preciso começar mencionando o que se passou na Argentina, pois foi ali que, pela primeira vez, foi empregado o termo *acompanhante terapêutico*. Na década de 1970, surgiu na Argentina, com a criação da função de auxiliar ou atendente psiquiátrico, uma nova figura, que acompanhava os pacientes dentro das próprias instituições ou em atividades que porventura ocorressem fora delas. Conforme ganhavam a rua, esses atendentes receberam o nome de "amigo qualificado". Contudo, quanto mais o trabalho se afastava da instituição, mais a denominação *acompanhante terapêutico* ia ganhando corpo, pois, afinal, era preciso que se delimitassem com maior clareza as funções e os vínculos desses profissionais. E o *acompanhante terapêutico* foi se especializando. Estudantes de várias áreas trabalhavam como acompanhantes, mas, conforme ocorria uma maior especialização e um aumento da demanda por acompanhamento, os profissionais da área da saúde começaram a exercer essa função.

O Acompanhamento Terapêutico nasce como uma alternativa à internação, como mais um recurso no tratamento psíquico, e acontece numa época que traz em seu bojo toda uma demanda de transformação em relação à figura do doente mental. É nesse contexto que ocorre a Reforma Psiquiátrica no Brasil.

A Reforma Psiquiátrica brasileira começou no final da ditadura militar, portanto, nos anos 1975-1985. Isso lhe imprimiu uma marca, gerando um tipo de busca que, de fato, não separa a luta da saúde mental e a luta de toda a sociedade brasileira contra a ditadura. Embora diferentes, foram movimentos que correram na mesma direção. Essa direção era a busca da cidadania entendida como afirmação de direitos concretos.

Em outras palavras, precisamos entender a Reforma Psiquiátrica brasileira como um movimento que sofreu a influência dos movimentos mundiais (principalmente do movimento italiano de *desinstitucionalização*, cuja crítica ao modelo médico-psiquiátrico objetivava criar práticas que transformassem e superassem o modelo manicomial). Entretanto, além das influências desses movimentos, não podemos esquecer que a Reforma era proposta, como dissemos, num momento histórico muito significativo no Brasil. Foi, portanto, nesse contexto de final da ditadura e processo de redemocratização que os movimentos sociais (a saúde mental aí incluída) incorporaram a questão da cidadania em seus discursos. No âmbito da saúde mental o projeto político era reconhecer os "loucos" como sujeitos de razão e de vontade.

Retomemos ainda uma vez Michel Foucault. Tanto em *História da loucura na Idade Clássica* (1978) como em *Vigiar e punir* (1977), Foucault enfatiza que a modernidade é o momento em que a razão é a detentora dos caminhos do saber e da verdade e definidora da cidadania (o indivíduo racional independente): a razão ocupa o "lugar do rei" (para usarmos a expressão empregada em *As palavras e as coisas*, 2002) e pavimenta o caminho que conduzirá ao surgimento e à institucionalização da psiquiatria.

O louco é aquele que está destituído de razão e a loucura é tratada pela psiquiatria como uma forma de alienação mental.

Com efeito, o Direito Romano definia a pessoa como aquele que está na plena posse de sua razão e de seus bens e por isso é um sujeito de direitos e recusava essa condição para aquele que não estivesse na plena posse de sua razão – juridicamente definido como o que perdeu a mente, o demente – assim como aquele que não estivesse na plena posse de seu corpo e de seus bens, isto é, o escravo. Tanto o demente quanto o escravo eram aqueles que estavam sob o direito e o poder de um outro. Ora, outro ou alheio, em latim, se diz *alienus*. O escravo e o demente são figuras jurídicas definidas como *alienus juris*, isto é, como os que estão sob o direito de um outro ou sob o poder alheio. Essa concepção jurídica da pessoa como sujeito de direitos e do demente como sem direitos e submetido a um poder alheio é retomada pelo pensamento moderno quando define a loucura como alienação mental, porém com um aspecto novo: o outro ou o alheio que dominam ou submetem o louco não estão fora dele (como o responsável romano pelo demente ou o senhor de escravos) e sim dentro dele sob a forma da desrazão. A alienação deixa de ser uma relação com um outro exterior e se torna a presença da alteridade no interior de si mesmo. Alienação, agora, significa: não ser capaz de reconhecer-se a si mesmo; estar perdido de si mesmo; estar esquecido ou ausente de si mesmo. Uma vez que ser sujeito de direito é estar na plena posse da razão, o louco, porque alienado, está destituído de si mesmo.

Porém, não só isso. De fato, a modernidade capitalista erige o trabalho como fundamento das virtudes morais, impondo aos corpos e às almas a exigência da disciplina e do sufocamento de todos os desejos e impulsos, entendidos como vícios. Ora, o louco escapa dessa moralidade porque é avesso à disciplina moralista imposta ao trabalho. Assim, não é somente destituído da condição de sujeito, mas também da condição de pessoa moral. Figura da irrazão e da imoralidade, o "doente mental" aparece como uma espécie de detrito social a ser escondido. É submetido a um processo de exclusão, segregado e encarcerado em instituições fechadas que, além de ocultá-lo da sociedade, passam a usá-lo como cobaia em experimentos variados. É desumanizado e tratado como coisa.

Discussões sobre o doente mental como pessoa e não como alienado nem como coisa apareceram nas três Conferências Nacionais de Saúde Mental, realizadas no Brasil em 1987, 1992 e 2001, com a afirmação de que era preciso criar um novo *lugar social* para a doença mental. Para tanto, seria necessário "construir uma mudança no modo de pensar a pessoa com transtornos mentais em sua existência sofrimento, e não apenas a partir de seu diagnóstico" (BRASIL, 1992). Justamente por isso ocorreu a substituição do termo "doença mental" por "sofrimento psíquico" e "pessoas portadoras de sofrimento psíquico".

Pensava-se, na época dessas conferências, que, se a sociedade acabasse com as formas institucionais concretas de exclusão, isso garantiria os direitos de subjetividade autônoma para aqueles que por séculos foram socialmente excluídos para serem, a partir de então, considerados cidadãos iguais perante a lei. Entretanto, sabia-se também que o discurso da igualdade legal é formal e abstrato porque oculta as desigualdades concretas. Buscar um novo lugar social para o sofredor psíquico significava, assim, afirmá-lo como pessoa autônoma (isto é, não mais *alienus juris*), que se reconhece a si mesma nos discursos dos direitos concretos.

O nascimento e o desenvolvimento do AT

Como dissemos, não é nossa intenção um estudo aprofundado da história do Acompanhamento Terapêutico. Tal estudo, o leitor encontrará em diversos outros autores. O que buscamos é apenas contextualizar o surgimento do AT e seu desenvolvimento em terras brasileiras, pois acreditamos que esta contextualização seja importante para situar o leitor diante de nossas entrevistadas e para nossas considerações finais na conclusão.

Devemos, para isso, nos remeter a um período anterior, os anos 1960-1970, época das comunidades terapêuticas, para ver surgir a figura que hoje denominamos *acompanhante terapêutico*. As comunidades terapêuticas afirmavam a necessidade do desenvolvimento de um meio ambiente terapêutico capaz de criar um tipo de vínculo com os pacientes distinto daqueles que médicos, enfermeiros e técnicos praticavam, ou seja, um *vínculo afetivo* que não exigia conhecimentos teóricos. Com isso, propunham a quebra da hierarquia na qual médicos, técnicos e pacientes estão separados pela posse do saber pelos dois primeiros e pela destituição dos últimos.

Foi assim que sob a influência da psiquiatria social inglesa surgiu, no início dos anos 1970, na Argentina, mais especificamente em Buenos Aires, o Centro de Estudos e Tratamento de Abordagem Múltipla em Psiquiatria (CETAMP), cuja equipe terapêutica tinha um agente denominado na época pelo psiquiatra Dr. Eduardo Kalina (1986) de "amigo qualificado". Um dos fundadores e também diretor do CETAMP, o Dr. Kalina (1986) narra o lento processo de nascimento do CETAMP a partir de sua ação para reunir jovens colegas cujo objetivo comum era o tratamento de adolescentes com perturbações graves. Era um grupo interdisciplinar, sem uma sede, no qual não havia mestre. No dizer de Kalina (1986), todos juntos foram aprendendo a trabalhar com técnicas não tradicionais e, apesar de fortemente influenciados pela psicanálise, havia no CETAMP a busca por modificar a psicanálise clássica em favor de uma psiquiatria dinâmica.

Duas psicólogas argentinas que faziam parte da equipe do Dr. Kalina (1986) no CETAMP, Mauer e Resnizky (1987), escreveram o primeiro livro sobre AT do qual se tem notícia. De acordo com elas, no final dos anos 1960 surgiu a figura do "amigo qualificado". Seu âmbito de atuação era a prática privada na qual participantes de uma equipe especializada acompanhavam em sua vida diária pacientes gravemente perturbados, na tentativa de proporcionar-lhes um meio ambiente terapêutico.

O "amigo qualificado" deveria trabalhar como um pesquisador de campo participante, para que a avaliação diagnóstica abrangesse todos os aspectos da vida do paciente, "tanto as mais comprometidas como aquelas mais adaptativas" (MAUER; RESNISKY, 1987, p. 148). Findo o processo diagnóstico, as atribuições do "amigo qualificado" também se modificavam. Deve-se ter em mente que os lugares de atuação da equipe eram variados, pois o paciente podia tanto estar internado como em regime de hospital dia ou noite, ou ainda vivendo com uma família substituta, ou ainda ser um paciente ambulatorial, sem qualquer vínculo com estabelecimentos psiquiátricos. Seja como for, as autoras descrevem oito funções desempenhadas pelos "amigos qualificados": conter o paciente; oferecer-se como modelo de identificação; emprestar o ego; perceber, reforçar e desenvolver a capacidade criativa do paciente; informar sobre o mundo objetivo do paciente; representar o terapeuta; atuar como agente ressocializador; e servir como catalisador das relações familiares.

Dizem ainda Mauer e Resnizky (1987) que com a experiência de trabalhar na função de "amigo qualificado" uma necessidade de mudança de denominação apareceu, uma vez que "acentuava-se [...] o componente amistoso do vínculo" e via-se a necessidade de uma maior ênfase no caráter terapêutico dessa função. Essa é a razão para que os "amigos qualificados" passassem a ser denominados "acompanhantes terapêuticos", ou seja, para que se tivesse reconhecido seu caráter terapêutico.

É também sob a influência das comunidades terapêuticas que vemos, no Brasil, surgirem as figuras do "auxiliar psiquiátrico" e do "atendente psiquiátrico" em Porto Alegre e no Rio de Janeiro e, em São Paulo, o "amigo qualificado".

Em Porto Alegre, sob influência teórica das Comunidades Terapêuticas Americanas, foi criada em 1960, pelo psiquiatra Marcelo Blaya, uma clínica particular para pacientes, em sua maioria adultos psicóticos – a Clínica Pinel ou Associação Encarnación Blaya. Nessa clínica existia a possibilidade de internação e também hospital dia ou noite. Segundo Silva:

> Desde o início do seu funcionamento institucional eram ofertados serviços considerados "inovadores" para aquela época, tais como: socioterapia, grupos operativos, ambientoterapia, reuniões comunitárias, trabalho em equipe, além de ocorrer a implicação e o reconhecimento dos trabalhos desenvolvidos pelos psicólogos e assistentes sociais (2005, p. 46).

Essa forma de tratar a loucura com um olhar inovador, a partir do pensamento da comunidade terapêutica, trouxe para o quadro de funcionários da Clínica Pinel uma figura, a do "atendente psiquiátrico", que, com o tempo, viria a ser reconhecida como o *acompanhante terapêutico*.

Com o objetivo de construir dentro da Clínica Pinel um meio adaptado no qual o paciente pudesse aprender certas condutas e comportamentos que acelerassem e facilitassem sua adaptação fora da internação, o "atendente psiquiátrico", na comunidade terapêutica, deveria pôr em ação o tratamento elaborado pela equipe de saúde. Para tanto, deveria estar com o paciente todo o tempo, cuidando deste em todos os aspectos de sua vida "desde a higiene à psicoterapia, do esporte à alimentação" (SILVA, 2005) e nos vários espaços de sua circulação, dentro ou fora do hospital, sendo por isso chamado de "atendente grude" pelos psicólogos e médicos da clínica.

O que observamos é que há grande semelhança entre a função desse atendente e a do enfermeiro e, como nos diz Reis Neto, explicando que na Clínica Pinel "não havia enfermeiros e podemos supor que a função que o atendente desempenhava, de alguma maneira dava conta do que antes era cumprida pelo enfermeiro tradicional, embora não se resumindo a esta" (1995, p. 16).

Ou seja, parece que os "atendentes psiquiátricos" diferiam do enfermeiro não apenas porque nessa época eram em sua grande maioria estudantes de medicina ou psicologia[6] que, dessa maneira, cumpriam parte de sua formação clínica (estágio supervisionado), mas também porque executavam as tarefas do enfermeiro e outras funções mais que não competiam a este. Estas funções parecem estar relacionadas ao vínculo que os atendentes se viam solicitados a estabelecer com os pacientes para melhores resultados do tratamento. Conforme Silva (2005), era pelo vínculo que estabelecia com os pacientes que o atendente psiquiátrico conseguia realizar a função de acompanhar e, assim, direcionar os internos para a execução das atividades estabelecidas pela instituição.

De acordo com Reis Neto (1995), influenciado pelas experiências da Clínica Pinel, em finais de 1969, um grupo de psiquiatras psicanalistas funda no Rio de Janeiro a Clínica Villa Pinheiros. Uma comunidade terapêutica para a qual, depois de trabalhar como atendente psiquiátrica na Clínica Pinel, seguirá Carmem Dametto, e com ela surgirá, na Villa Pinheiros, a figura do "auxiliar psiquiátrico", cuja função era acompanhar em seu cotidiano o paciente internado na Villa Pinheiros.

> Pelo menos inicialmente, as funções atribuídas ao auxiliar são as mesmas que encontramos na Clínica Pinel: por um lado, "conviver" com os pacientes, numa atitude tão "informal" quanto possível, participando das atividades da clínica, saídas à rua, etc. (REIS NETO, 1995, p. 53).

Também era função do auxiliar "oferecer uma escuta interessada e acolhedora" quando o paciente falava de si. Essa escuta serviria para o alívio dos pacientes (a ideia de que falar alivia) e para os relatórios diários sobre o paciente feitos pelo auxiliar para o médico. Era desejada uma relação de simetria com o paciente, ainda que esta se mostrasse impossível quando o auxiliar precisava intervir para que o paciente, independentemente de seu desejo, se adaptasse a certas regras da clínica.

Apesar das semelhanças existentes entre a Clínica Pinel e a Villa dos Pinheiros, Reis Neto aponta uma diferença importante entre ambas: "os laços entre a psicanálise e a Villa são bem mais explícitos que na Clínica Pinel" (1995, p. 55), o que, segundo esse autor, influenciará tanto no trabalho dos auxiliares como no perfil da pessoa selecionada para tal

---

[6] Segundo Reis Neto (1995) os acompanhantes, nessa época ocupavam um espaço "entre" a prática reconhecida como profissão e o estágio pré-profissional, isto é, o acompanhante não era ainda um profissional e quando se tornasse um profissional deixaria de ser at.

função. Não mais leigos, mas sim estudantes de psicologia e medicina. Havia uma exigência, feita pela clínica, de que o candidato a auxiliar já estivesse em análise. Em relação à escuta que se oferecerá ao paciente, esse ponto é crucial, mas é crucial também quando pensamos na "trajetória que a prática do acompanhamento seguirá a partir da experiência da Villa Pinheiros" (1995, p. 63)

Na década de 1970, mesmo com o fechamento da Clínica da Villa Pinheiros a função de auxiliar permaneceu, consistindo num "estar junto" com pacientes durante o dia a dia da clínica, visando constituir um

> [...] meio social terapêutico [...] faziam parte das atividades... as "saídas à rua" com os pacientes... fosse para passeios, visitas à família, ou... idas ao dentista, ao médico, etc... tentativa de ir reintroduzindo gradativamente os pacientes no meio social extra-clínica [...] solicitado por alguns psiquiatras, para o atendimento de pacientes não vinculados a... qualquer tipo de estabelecimento psiquiátrico. Buscava-se com isto... evitar a internação destes pacientes. [...] trabalho quase sempre destinado a pacientes em crise psiquiátrica, sendo que o trabalho dos auxiliares... quase sempre chegava ao fim após o debelamento da situação de crise (REIS NETO, 1995, p. 1-2).

Também em São Paulo encontramos, a partir do pensamento da comunidade terapêutica, o olhar inovador no tratamento da doença mental, ou melhor, do sofrimento psíquico. Conforme Mauricio Porto[7] (2008) e Clarissa Metzger (2006), deparamos com uma figura que é precursora do "amigo qualificado". Relatam que na divisa das cidades de Diadema e São Paulo foi fundada, em 1968, a Comunidade Terapêutica Enfance, para tratamento de crianças com transtornos mentais. Nessa comunidade criou-se a figura do "assistente recreacionista", mais tarde denominado "assistente psiquiátrico", cuja característica principal requerida era poder estabelecer relações humanas terapêuticas, pessoas com capacidade de controlar seus sentimentos e assim fazer o que chamavam de "terapia do ambiente", dessa maneira, a terapêutica não estava delimitada ao atendimento feito no *setting* do consultório, mas, sim, poderia se dar em qualquer espaço, uma vez que o foco recaía sobre a relação, sobre o vínculo estabelecido.

---

[7] Comunicação oral no II Congresso Brasileiro/Internacional de AT, 2008, em Porto Alegre.

Esse breve percurso nos mostra que o início da prática de acompanhamento ocorre dentro das comunidades terapêuticas desde o tempo do chamado "atendente psiquiátrico" como o "amigo qualificado" ou o "auxiliar psiquiátrico". Nessa época da psiquiatria social ou antipsiquiatria, a função do AT era garantir o espaço terapêutico fora dos saberes psiquiátricos tradicionais. Esse período de questionamento desses saberes, justamente, deu margem à aparição dessas figuras que precederam a do at.

Contudo, devemos ter em mente o que se passou com a saúde pública e, mais especificamente, a saúde mental no Brasil desde o golpe militar de 1964. Durante a ditadura, o governo federal teve uma política de apoio econômico privilegiado ao setor privado, que se mantinha com clínicas psiquiátricas no modelo manicomial e, desse modo, esvaziou o investimento na saúde pública. Nesse período há a proliferação de novos hospitais psiquiátricos com a retomada do modelo asilar manicomial. Foi a época do uso da verba do extinto Instituto Nacional da Previdência Social (INAMPS), cujos gastos com os hospitais da rede privada foram, anos depois, alvo de grandes denúncias e escândalos. Havia, portanto, um interesse econômico por trás da manutenção dos manicômios ou clínicas psiquiátricas de modelo manicomial, ferindo os ideais das comunidades terapêuticas e de todo o pensamento da contracultura das décadas de 1960 e 1970. Dessa forma, viu-se abrupta e brutalmente reprimido todo o movimento que acompanhamos até aqui, iniciado na década de 1960 e semente para a Reforma Psiquiátrica.

Como mencionamos acima, em meados dos anos 1980, com a chamada "abertura política" que começa a se dar no Brasil, as questões de Reforma Psiquiátrica reapareceram no cenário. Assim, novas diretrizes do Sistema Único de Saúde (SUS) foram criadas em 1986, na 8ª Conferência Nacional de Saúde. Esse parece ter sido o início de um processo cujas diretrizes básicas foram a integralidade, a universalidade e a democratização da saúde, ou seja, a cidadania, e que resultaria na Reforma Psiquiátrica brasileira.

Como vimos, ocorrem entre 1987 e 2001 três Conferências Nacionais que pautarão a desinstitucionalização das instituições manicomiais. No período entre as conferências brasileiras, é convocada pela Organização Pan-Americana da Saúde, em 1990, a Conferência Regional para a Reestruturação da Atenção Psiquiátrica na América Latina no Contexto dos Sistemas Locais de Saúde, que gera um relatório final conhecido como a Declaração de Caracas. Essa conferência vem reforçar o movimento brasileiro, uma vez que declara entre seus objetivos a superação do modelo hospitalocêntrico e a busca por assegurar o respeito aos direitos humanos e civis dos pacientes mentais. Entretanto, no Brasil, já em 1989, surgiu o Projeto de Lei nº 3657/89, que trata da Lei da Reforma Psiquiátrica (aprovada em 1992), para substituir o Hospital Psiquiátrico pela criação de uma Rede de Atenção Integral em Saúde Mental. Mas somente em abril de 2001 é aprovada a Lei Federal nº 10.216, que estabelece uma diretriz não asilar para o financiamento público e o ordenamento jurídico da assistência psiquiátrica no país. Ou seja, a lei da Reforma Psiquiátrica brasileira foi aprovada.

Todo esse movimento e mudança da estrutura da saúde mental gerou a necessidade de que a prática do Acompanhamento Terapêutico também se transformasse, seguindo a correnteza do rio caudaloso da contracultura com seu questionamento de identidades. Eis porque podemos falar numa mudança dos significados que assumem para os ats ter ou não ter uma identidade profissional. A esse respeito Reis Neto propõe uma distinção entre dois momentos: antipsiquiátrico e psiquiátrico. Diz ele que, no primeiro momento, antipsiquiátrico, não ter uma identidade profissional e, portanto, não carregar consigo um saber instituído cheio de regras e técnicas era considerado terapêutico, uma vez que o saber técnico estava sendo posto em dúvida quanto ao seu valor de tratamento e cura. Entretanto, ao estudar o surgimento e desenvolvimento do AT no Rio de Janeiro até 1995, esse autor afirma que há um segundo momento, chamado por ele de "psiquiátrico", coincidente com o período da ditadura militar, que, como assinalamos há pouco, repõe as tendências tradicionais de tipo manicomial. Nesse segundo momento, o AT era tomado como um coadjuvante do trabalho psiquiátrico tradicional e há uma mudança de sentido quanto à ausência de identidade profissional ou ao chamado "não saber" dos acompanhantes terapêuticos (ats): o que antes fora sinal de inovação contestadora toma agora uma conotação de minoração, ou seja, o at é aquele que "não sabe tanto" e por isso sua atividade não é "tão terapêutica". O at é encarado como um "terapeuta menor", ainda em formação e, como "extensão" do psiquiatra (ou do psicoterapeuta), não apresentava identidade própria.[8]

---

[8] Vale lembrar que nessa época ainda não se utilizava correntemente no Brasil a nomenclatura *acompanhante terapêutico*, sendo mais comum encontrarmos *atendente* ou *auxiliar psiquiátricos*. A nomenclatura vai adquirir grande importância pelas questões de identidade profissional, como se verá adiante.

Com a democratização do país na década de 1980 vemos surgir um terceiro período, o qual podemos chamar de "desinstitucionalizante". É o momento no qual as reflexões e ações em saúde mental visam ao fechamento dos manicômios e à criação de serviços substitutivos a eles. Enquanto a ditadura dera prioridade à prática tradicional manicomial, a ideia mais forte trazida pela democratização e que, nos anos 1980, movimenta todo esse processo é de derrubada de muros, tanto os concretos como os dos preconceitos e, portanto, é momento de romper com o que está posto como natural, com o instituído. Todavia, diferentemente da recusa de toda e qualquer instituição própria da antipsiquiatria, a democratização levou à ideia de criação institucional nova, como aparece na busca dos serviços substitutivos à institucionalidade psiquiátrica. Vamos observar que o AT não foge à regra do momento, mas essa experiência leva os ats de então a questionamentos sobre essa não institucionalidade própria e suas consequências. (Essas reflexões de então são atuais e presentes no fazer dos ats de hoje, como podemos evidenciar pelas entrevistas realizadas.)[9]

No Rio de Janeiro, na década de 1980, são formados vários grupos de auxiliares psiquiátricos, todos com marcas de informalidade. Em 1984, vários grupos de acompanhamento realizam o primeiro encontro de ats do Rio de Janeiro, no qual se oficializa a decisão de serem denominados *acompanhantes terapêuticos*. A síntese dos principais temas do encontro está

---

[9] Como escrevem Pitiá e Furegato: No Brasil, o Estado tem assumido papel decisivo na reestruturação da atenção psiquiátrica, desde 1987, com a 1ª Conferência Nacional de Saúde, recebendo reforços com a Declaração de Caracas, na Venezuela de 1990. Desde então, os países latino-americanos vêm envidando esforços para a promoção de serviços comunitários – substituindo o manicômio –, integrados à rede de serviços de saúde em atenção primária à saúde e suas redes sociais, priorizando a manutenção do doente em seu meio social (BRASIL, 2004). A principal repercussão dessa proposta é que a rede básica de saúde passa a ser o principal meio para o atendimento de portadores de transtornos mentais que adoecem ou que estão em algum tipo de acompanhamento, e o profissional da saúde passa a se ocupar de um contexto ampliado onde ocorre o cuidado.

A assistência em saúde mental propõe a atenção descentralizada, interdisciplinar e intersetorial, bem como vincula o conceito de saúde mental aos conceitos de cidadania e produção de vida, gerando transformações nas concepções e práticas de saúde mental, na organização dos serviços, na formação e na capacitação dos profissionais da área. No sentido instrumental, o processo de reabilitação psicossocial representa um conjunto de meios (programas e serviços) que se desenvolvem para facilitar a vida das pessoas com problemas mentais severos e persistentes. Esse processo destina-se a restaurar o melhor nível possível de autonomia do indivíduo, no exercício de suas funções sociais (PITIÁ; FUREGATO, 2009).

em um texto organizado por membros de alguns grupos que participaram do evento:

> A variedade de nomes com que somos identificados: amigo qualificado, auxiliar psiquiátrico, acompanhante terapêutico, ego auxiliar; o que mostra de alguma maneira a nossa fragmentação como profissionais. [...]. Surge a seguinte questão: não estaríamos nos prendendo muito ao terapeuta? Seríamos um par do terapeuta? Faríamos um trabalho auxiliar ao deste último, um trabalho secundário? Pensamos que se trata de um trabalho paralelo ao de outros profissionais e desta maneira não estaríamos auxiliando nenhum profissional em particular. [...], nosso trabalho não é reconhecido como profissão, no entanto temos uma função específica que justifica o acompanhante ser reconhecido como profissional. Daí a necessidade de pensarmos teoricamente sobre nossa prática para que o nosso trabalho seja um complemento diferenciado do trabalho do terapeuta (Arquivos EAP, 1984 *apud* REIS NETO, 1995, p. 213-214).

Os autores do documento acima tratam também da questão do acompanhamento em relação à prática psiquiátrica clássica.

> Será que somos a repetição da instituição? Isto está relacionado com a nossa visão do que seja a loucura. O acompanhante pode realmente ser um braço da instituição, caso ele se veja como aquele que vai levar a saúde: ele é o saudável e o outro, o louco. Existe uma exigência por parte dos psiquiatras que nos chamam e das famílias dos pacientes que acompanhamos, no sentido de que adotemos uma postura de psiquiatras clássicos (p. 214-215).

Já em São Paulo, após a experiência da Comunidade Enfance, duas modalidades de trabalho originadas em Buenos Aires deram prosseguimento à implantação do Acompanhamento Terapêutico. A primeira com Oswaldo Amaral, psiquiatra brasileiro que trabalhou durante cinco anos (1973-1978) com a equipe de Eduardo Kalina em Buenos Aires. O Dr. Oswaldo voltou ao Brasil em 1978, vindo instalar-se em São Paulo, onde começou a trabalhar com Acompanhamento Terapêutico. Num primeiro momento, sem vincular-se a nenhuma instituição, inicia um grupo de estudo e trabalho em AT. Depois, durante algum tempo, coordenou a Clínica Travessia, na qual realizou experiências em AT semelhantes às que ocorreram no hospital-dia A Casa. Este, como lembra Deborah Sereno

(1996), volta-se para a experiência do "amigo qualificado", trazido pelos psicanalistas argentinos de forte tendência lacaniana. Fundado em 1979 pelos lacanianos Beatriz Aguirre, Nelson Carrozo e Moisés Rodrigues da Silva, entre outros, o hospital-dia A Casa, em 1981, formará sua primeira equipe de "amigos qualificados".

Relata-nos Sereno (1996) que para esse grupo, no início, "a disponibilidade era total", tanta que um membro da equipe foi morar com um paciente. Experiência esta que mostra à equipe a necessidade de um espaço de reflexão e supervisão para o apoio desse trabalho que, aos poucos, vai se transformando e buscará uma denominação que considere mais apropriada.

Para Reis Neto (1995), na Argentina os ats passaram do momento inicial, digamos antipsiquiátrico, para a reivindicação do caráter clínico de sua prática, enquanto no Brasil ele entende que houve um "período intermediário" no qual os ats eram de fato "auxiliares" e, por irem se "des-identificando com uma função psiquiátrica", passarão a buscar um reconhecimento enquanto clínicos.[10]

Desse modo, vemos surgir nos variados grupos e localidades uma inquietação em relação ao estatuto teórico e institucional do AT, trazendo como uma de suas consequências a reivindicação da troca de nome, "auxiliar psiquiátrico" ou "atendente psiquiátrico", para *acompanhante terapêutico*. Segundo Reis Neto (1995), a troca de nome que se dá no Rio de Janeiro não tem o mesmo significado daquela ocorrida tanto em Buenos Aires como em São Paulo, uma vez que no seu entender, no Rio, havia uma reivindicação de reconhecimento do caráter clínico do AT, de mudança das funções e reconhecimento dessa nova figura; enquanto em Buenos Aires e São Paulo a busca era por um nome que se adequasse mais e melhor representasse aquilo que já era feito.

De acordo com o quadro a seguir podemos observar as diferenças entre a função de "auxiliar psiquiátrico" e do at para melhor compreendermos a reivindicação carioca:

---

[10] A partir disso nos fica uma questão, que nos parece importante para a compreensão das diferenças atuais entre as problemáticas trazidas pelos ats argentinos de hoje e os brasileiros. Essa questão diz respeito aos processos políticos desse período. De fato, se tais processos nos permitem compreender que a interrupção da reivindicação do caráter clínico do at no Brasil se deve à ditadura, entretanto, podemos indagar por que o mesmo não aconteceu na Argentina, que também sofreu com a ditadura na mesma época que o Brasil.

Auxiliar psiquiátrico	Acompanhante terapêutico
Trabalho dentro do estabelecimento psiquiátrico ou fora com as mesmas funções	Trabalha na rua e na casa do paciente com intervenção clínica junto ao paciente e também junto à família deste.
Cuidados físicos, farmacoterápicos, relação afetiva	Amadurecimento da prática do auxiliar
Proposta de oferecer mais do que a função tradicional calcada no tripé: proteção, vigilância e contenção	Teoria basicamente psicanalítica
Considerava o indivíduo doente	Mais compreensão teórica da psicodinâmica
Misto de enfermeiro e companheiro	Torna-se um clínico
"era quase uma 'persona' auxiliar"	"Prática extraoficial para lidar com a crise psíquica"
Feito por "leigos"	Feito por estudantes e profissionais da área psi

Assim, o AT traz uma alternativa para o tipo de atendimento que a psiquiatria clássica oferecia aos chamados doentes mentais.

Apesar das diferenças entre Rio e São Paulo, em todo o Brasil, conforme escreve Reis Neto (1995), ao longo dos anos 1980 e 1990 (até 1995, ano da dissertação), há uma modificação em relação à demanda que é feita aos auxiliares. O autor nos esclarece que essa demanda nova "perde a característica de ser eminentemente uma 'substituição da internação'", ganhando a característica de atender pacientes "fora da crise" (REIS NETO, 1995, p. 3). Isso trará consequências para a prática do AT, uma vez que ao mudar a demanda alteram-se também o objetivo e o modo de fazer.

O que se evidencia nesse percurso é que o Acompanhamento Terapêutico, em sua configuração inicial, mostrava-se um recurso auxiliar para o tratamento de pacientes graves, rompendo com a lógica manicomial, que massificava subjetividades e desejava isolar o paciente dentro do hospício.

É interessante também seguirmos os caminhos do Acompanhamento Terapêutico pelos encontros realizados pelos acompanhantes ao longo desses anos e assim observarmos quais temáticas foram se apresentando (quando dizemos encontros nos referimos a congressos, simpósios, encontros, etc.).[11]

Após o primeiro encontro ocorrido no Rio de Janeiro, em 1984, ao qual já nos referimos quando tratávamos das questões de mudança de nomenclatura dos auxiliares e atendentes, ocorrerá em São Paulo, em 1991, o 1º Encontro Paulista de Acompanhantes Terapêuticos promovido pelo hospital-dia A Casa. Desse encontro resultou o livro *A rua como espaço clínico: acompanhamento terapêutico* (1991).

Em 1994, os argentinos organizaram o 1º Congresso Nacional com o tema "Hacia una articulación de La clínica y la teoria", resultando também na publicação de um livro.

Em 1997, é a vez do 2º Encontro Paulista de Acompanhantes Terapêuticos, mais uma vez promovido pelo hospital-dia A Casa e com mais uma publicação, dessa vez *Crise e cidade: acompanhamento terapêutico*.

Em 2001, ocorrem em São Paulo o 3º Encontro Paulista de Acompanhantes Terapêuticos, e em Córdoba o 2º Congresso Argentino de AT com a participação de acompanhantes de outros países como Brasil e Espanha, com o tema "Hacia uma inscripción institucional y académica del Acompañamiento Terapêutico", cujo resultado foi o livro, *Eficacia clínica del acompañamiento terapêutico*.

O 1º Encontro Mineiro de Acompanhantes Terapêuticos ocorre em 2003. Nesse mesmo ano é realizado em Buenos Aires o 3º Congresso Argentino e 1º Congresso Ibero-americano de AT, com a presença de acompanhantes do Brasil, Chile, Colômbia, México, Peru e Uruguai.

Em 2005 é realizado em Córdoba, na Argentina, o 4º Congresso Argentino de Acompanhamento Terapêutico cujo tema é "Construyendo Redes en Tiempos de Exclusión".

Em 2005 e 2006, a parceria entre a Universidade Federal Fluminense (UFF) e a Universidade Federal do Rio Grande do Sul (UFRGS) promove o evento Colóquio em Dois Movimentos: de Porto Alegre a Niterói – Acompanhamento Terapêutico e Políticas Públicas de Saúde.

Em 2006, ocorre um novo marco no campo do AT, uma vez que se formou uma rede entre os ats argentinos, brasileiros, mexicanos e espanhóis, cujo fruto foi o 1º Congresso Internacional, 2º Congresso Ibero-americano

---

[11] Uma das fontes utilizadas por nós até 2006 é a dissertação de mestrado de Laura Gonçalves (2007). Entretanto, não é a única fonte, também utilizamos *flyers* e outros materiais dos próprios eventos.

e 1º Congresso Brasileiro de Acompanhamento Terapêutico, que teve lugar em São Paulo, com o tema "Singularidade, multiplicidade e ações de cidadania". Dessa vez a promoção do evento deveu-se à iniciativa de alguns ats brasileiros que decidiram reunir-se em uma associação com o objetivo de fomentar a rede dos ats por meio de alguns projetos, como a criação de uma biblioteca virtual e de uma rede virtual para discussões, reflexões e todo tipo de troca de informações e experiências no campo do AT, além da realização desse congresso, do qual resultou a publicação de uma revista (um número especial da revista científica *Psique*).[12] Coube ainda nos trabalhos do congresso um último dia de assembleia para a discussão da Associação Brasileira de Acompanhamento Terapêutico (ABRASAT). A pauta que se colocava versava sobre a criação ou não da Associação *Brasileira* de Acompanhamento Terapêutico. A partir de discussões mantidas em mesas-redondas no próprio congresso e na mesma assembleia, considerou-se e deliberou-se que o melhor caminho não seria a criação da ABRASAT, mas sim investir esforços no sentido de fortalecer e ampliar as redes no campo do Acompanhamento Terapêutico. Assim, pensou-se que quanto mais generalizada, mais aberta a Associação, mais dada seria à formação de novas redes. E dessa maneira manteve-se a Associação de Acompanhamento Terapêutico.

Na Argentina também foi criada, por essa época,[13] uma associação – a AATRA (Asociación de Acompañantes Terapêuticos de La República Argentina) – que, entretanto, tinha objetivos distintos da criação da AAT brasileira. Impunha-se entre os argentinos uma forte questão sobre a legalização do AT como profissão. No caso da Argentina, os ats se viam às voltas com a questão de garantir um lugar na saúde pública.

Vemos portanto que as preocupações argentinas e brasileiras não eram as mesmas, mas a busca de diálogo e formação de redes foi aproximando os ats dos dois países.

Alguns brasileiros, entretanto, foram fisgados pela problemática argentina e iniciaram uma reflexão sobre suas consequências. Podemos acompanhar com Laura Gonçalves (2007) as preocupações de tais ats brasileiros com relação à criação e manutenção dessas associações, interpretadas por

---

[12] Por este fato também podemos apreciar outro aspecto dos objetivos da Associação de Acompanhamento Terapêutico (AAT). Referimo-nos aqui ao incentivo de discussões e reflexões científico-acadêmicas para o campo do AT.

[13] A AATRA foi criada em 2003, ou seja, alguns anos antes da criação da AAT.

eles como instituições de legalização e normatização do AT (o que nos parece um pensamento reducionista, mesmo em relação à AATRA, cuja preocupação sobre o campo do AT não se limita à sua luta pela legalização da profissão em seu país). Naquele momento

> O tema da legalização do AT como garantia de legitimidade suscitou, no próprio evento, um contraponto: será que é a legalização do AT que garante a legitimidade e o reconhecimento desse dispositivo? Não estará havendo uma confusão entre legitimidade e legalidade? (GONÇALVES, 2007, p. 84)

E assim os encontros dos ats prosseguem.

Em 2007, foi a vez de Bahia Blanca (Argentina) sediar mais um dos congressos; o 2º Congresso Internacional, 3º Congresso Ibero-americano e 5º Congresso Argentino de Acompanhamento Terapêutico, tendo como tema "Hacia uma equidad profesional em el marco del sistema de salud".

Em 2008, realizou-se em São Paulo o 1º Simpósio sobre Acompanhamento Terapêutico, com o tema "O encontro humano", cujo intuito era ser um "aquecimento" para o 3º Congresso Internacional, 4º Congresso Ibero-americano e 2º Congresso Brasileiro de Acompanhamento Terapêutico, que ocorreu no mesmo ano, dois meses depois, sediado em Porto Alegre e com o tema "Multiversas cidades, andanças caleidoscópicas, tessitura de redes".

No ano seguinte, 2009, ocorre em San Luis, na Argentina, o 4º Congresso Internacional, 5º Congresso Ibero-americano e 6º Congresso Argentino de Acompanhamento Terapêutico, com o tema "Acompañamiento terapéutico en el marco del sistema público de salud: perspectivas en los procesos de reforma en salud mental"; em São Paulo, nesse mesmo ano, teve lugar o 2º Simpósio Internacional sobre Acompanhamento Terapêutico, com o tema "Campo, espaço, território, lugar: topologias do AT".

Em 2010, é realizado em Querétaro, no México, o 5º Congresso Internacional, 6º Ibero-americano e 1º Congresso Mexicano de Acompanhamento Terapêutico, cujo tema foi "Funciones y campos de inserción del acompañante terapéutico". Em seguida, nesse mesmo ano ocorre o 7º Congresso Argentino, em Mar Del Plata, com o tema "Revalorizar la ética y resignificar la practica en la diversidad de la clínica actual", com a participação de brasileiros e uruguaios.

Em 2011 estava programado o 3º Congresso Brasileiro, que teria lugar em Brasília com o tema "A inserção do Acompanhamento Terapêutico nas Políticas Públicas em Saúde Mental". Entretanto, esse congresso não se realizou, uma vez que o apoio com o qual os organizadores do evento contavam foi subitamente retirado. Assim, em 2011 foi realizado o 6º Congresso Internacional, 7º Ibero-americano em Buenos Aires, com o tema "Integraciones conceptuales, hacia una profesionalizacion definitiva de nuestra practica".

Vemos, dessa maneira, que desde 1984 há um movimento de reunião daqueles que praticam o AT. Esse movimento se inicia timidamente com um espaço de sete anos entre o primeiro encontro de caráter regional (1984) e o segundo, que, embora regional também, já busca uma certa proximidade com outras localidades (1991). Assim, aos poucos, durante a década de 1990 os encontros irão ocorrendo, mas é a partir de 2001 que vemos uma intensificação cada vez maior desses encontros nas suas variadas formas e uma grande tentativa de articulação entre os parceiros, como indica a lista a seguir.

Observemos os temas tratados pelos ats em seus encontros:

1991- A rua como **espaço** clínico: Acompanhamento Terapêutico.

1994 - Hacia una articulación de la **clínica y la teoría**.

1997 - Crise e **cidade**: Acompanhamento Terapêutico.

2001 - Hacia una **inscripción institucional** y académica del Acompañamiento Terapéutico – libro, *Eficacia clínica del acompañamiento terapéutico*.

2005 - Construyendo **redes** en tiempos de **exclusión**.

2005 e 2006 - Colóquio em Dois Movimentos: de Porto Alegre a Niterói – Acompanhamento Terapêutico e **Políticas Públicas de Saúde**.

2006 - Singularidade, multiplicidade e ações de **cidadania**.

2007 - Hacia una **equidad profesional** en el marco del sistema de salud

2008 - Multiversas cidades, andanças caleidoscópicas**, tessitura de redes**.

2008 - O **encontro** humano

2009 - Acompañamiento terapéutico en el marco del **sistema público de salud**: perspectivas en los procesos de **reforma en salud mental**

2009 - Campo, espaço, território, lugar: **Topologias** do AT.

2010 - **Funciones y campos de inserción** del acompañante terapéutico", - "Revalorizar la **ética** y resinificar la **practica** en la diversidad de la clínica actual.

2011 – A inserção do Acompanhamento Terapêutico nas **Políticas Públicas em Saúde Menta**l e Integraciones conceptuales, hacia una **profesionalización** definitiva de nuestra **practica**.

Desse modo, os temas principais dos encontros podem ser organizados da seguinte maneira: cidade; espaço; topologias; encontro; prática. clínica e teoria; eficácia; ética; funções e campos de inserção; inscrição institucional; equidade profissional; profissionalização; exclusão; cidadania; políticas públicas de saúde; sistema público de saúde; reforma em saúde mental; tessitura de redes; redes.

Podemos dividir esses temas em quatro blocos que se intercalam: as preocupações em torno dos lugares de atuação; a prática, ligada à teoria, à eficácia, às funções e à ética; as questões da profissionalização com a equidade profissional, a inscrição institucional; e, por fim, aquilo que relaciona o AT à reforma psiquiátrica e à saúde mental.

No próximo capítulo poderemos ver se, e de que modo, a literatura específica dessa instituição trata alguns desses temas.

Capítulo 2
Exame da literatura sobre Acompanhamento Terapêutico

A literatura sobre o Acompanhamento Terapêutico é recente: os primeiros escritos datam de 1985 (primeira edição de MAUER; RESNIZKY, 1987). Embora haja um bom número de pequenos ensaios versando sobre experiências dos autores e alguns sobre questões propriamente teóricas, essa literatura ainda está em formação, contando com algumas dissertações e teses acadêmicas e um pequeno punhado de livros.

Neste capítulo, faremos uma retomada dessa literatura pouco extensa à época de nossa pesquisa, mas hoje, felizmente, crescente. Não examinaremos todos os temas encontrados nessa literatura e, sim, buscaremos explicitar aquelas regularidades temáticas existentes entre esses discursos escritos e o discurso das entrevistadas pela pesquisa.

Com base em uma leitura mais atenta da bibliografia específica, cremos que existem dois discursos sobre o AT: um no início das reformas psiquiátricas e outro atual, depois de muita prática e reflexão dos acompanhantes terapêuticos, o que mostraremos em nossa discussão final. No entanto, ainda que essa diferença dos discursos seja mencionada por nós quando necessário, salientaremos alguns aspectos que permanecem do início até agora.

Sob essa perspectiva, podemos observar que três temas são recorrentes e, com pequenas variações, encontram-se praticamente em todas as obras. Eles aqui nos interessam porque são exatamente aqueles que encontramos nos discursos das nossas entrevistadas. Evidentemente, esses temas não esgotam a discussão em torno do AT, mas são de especial significação para o presente trabalho por sua aparição polifônica nas práticas discursivas dessas entrevistadas.

1- Em primeiro lugar e, possivelmente, em decorrência da época em que o AT começa a se institucionalizar, a literatura básica de referência encontra-se nas obras de Freud, Foucault, Lacan, Deleuze, Guattari e Winnicott. Em outras palavras, predominam, de um lado, o referencial psicanalítico nas suas várias acepções e, de outro lado, o referencial filosófico, que, no caso dos autores franceses, está voltado seja para as formas de produção da subjetividade ou de subjetivação, seja para a crítica da concepção racionalista-idealista da subjetividade como sujeito soberano. Além disso, esse referencial teórico francês leva ao aparecimento da ideia da prática do AT como um dispositivo institucional.

Sem dúvida, na literatura do Acompanhamento Terapêutico, esse conjunto de autores de referência é enriquecido, em cada autor, com a ida a outros pensadores e teóricos. É assim que comparecem também na literatura do AT algumas obras de Reich, Manoni, Aulagnier, as dos líderes da Reforma Psiquiátrica – Basaglia, Cooper e Laing. Essa aparição da antipsiquiatria é particularmente significativa porque, como veremos nos discursos das entrevistadas, é muito forte a ligação entre AT e psiquiatria.

Tomemos algumas passagens de discursos que explicitam os aspectos que acabamos de mencionar. Em primeiro lugar, vemos surgir a enunciação do que seja o AT como uma prática em vias de constituição e que está à procura de sua cena própria ou específica.

> É na "clínica do desamparo" onde se aninha o acompanhamento terapêutico. As patologias do desamparo o alojaram desde o começo. Em seu território, o da debilidade humana, de perímetros turvos no início, foi-se demarcando e inscrevendo com nitidez crescente um espaço para o Acompanhante Terapêutico. Seu dialeto foi construindo sua própria especificidade, desdobrando um alfabeto inconcluso ainda hoje (MAUER; RESNIZKY, 2008, p. 21).

A seguir vemos explicitada a questão de ser o AT um recurso de tratamento de diagnósticos variados:

> O Acompanhamento Terapêutico é uma clínica que acontece no cotidiano, nos mais variados espaços e contextos. Entre as suas características mais marcantes estão o resgate e a promoção da circulação do paciente pela cidade, construindo ou simplesmente explorando redes sociais preexistentes. Predominantemente o Acompanhamento Terapêutico tem sido um recurso utilizado no tratamento de pacientes diagnosticados como psicóticos, sendo, entretanto, cada vez

mais indicado para pacientes com outros diagnósticos (CARVALHO, 2004, p. 23).

Como dissemos, nesses discursos encontramos tanto a referência explícita à psicanálise quanto a implícita, qual seja, o emprego de temas e conceitos de origem psicanalítica, como a distinção freudiana entre psicose e neurose, a prática terapêutica como transferência e contratransferência, etc.

> Além das vicissitudes transferenciais que são tecidas em cada vínculo intersubjetivo, o Acompanhante Terapêutico é para seu paciente um "referente", incluindo-se como terceiro. Quando falamos de um "terceiro", o fazemos aludindo a um posicionamento do Acompanhante Terapêutico que opera no vínculo como um organizador psíquico.
>
> Quando começamos a perfilar as funções do Acompanhante Terapêutico, pensamos que este poderia vir a ser, para o paciente, um possível "modelo de identificação". Hoje, pensamos que falar de modelo pode prestar-se a equívocos ideológicos, onde a idéia de "exemplaridade" desvirtua o sentido de alternativas, de possíveis variantes que quisemos transmitir naquele momento (MAUER; RESNIZKY, 2008, p. 31-32).

Notamos também que a psicanálise, apesar de não ser requisito para a prática do AT, é considerada por alguns uma bússola e por outros o núcleo conceitual da prática do AT, como podemos ver no texto a seguir:

> Sabemos que a transferência na psicose se opera de forma muito diversa do que ocorre na neurose. Se, por um lado, a transferência na psicose se mostra maciça e intensa, por outro lado, pode facilmente se romper, pois sua base é frágil (J. M. G. FREIRE, 2004). No acompanhamento terapêutico, o risco de ruptura da transferência está presente de forma marcante. A surdez do Acompanhante Terapêutico para determinadas comunicações de seu acompanhado pode comprometer o andamento do processo singular do sujeito e também a continuidade do trabalho.
>
> Embora isso não se refira somente a esta clínica, penso que um grande desafio no Acompanhamento Terapêutico de psicóticos seja identificar em que lugar transferencial somos colocados pelo nosso acompanhado. Só assim podemos nos posicionar e ter uma medida do alcance de nossas intervenções. Digo "desafio" porque não se trata de descobrir que lugar é esse de uma vez por todas e não se preocupar mais com isso; muito pelo contrário, esse é um

trabalho constante. Ora estamos colocados aqui, ora ali (METZGER, 2006, p. 181-182).

Podemos observar, a seguir, como a psicanálise está fortemente enraizada na literatura sobre o fazer do AT e, por mais que se busque escapar dela, é de suas noções, escreve Lerner, que se valem os ats para entender sua prática:

> As cenas enunciativas a respeito da psicanálise e de outras técnicas terapêuticas (como psiquiatria, terapia ocupacional, entre outras) foram associadas a um tipo de relação, na qual o profissional considerava não poder fazer nada por seu paciente, necessitando ser, portanto, superada. A idéia de cura era vista como anacrônica e descabida, a palavra paciente era substituída pela palavra usuário, as iniciativas terapêuticas eram substituídas por iniciativas de inserção social. Entretanto, por mais que as técnicas terapêuticas e seu jargão fossem rechaçados e substituídos por iniciativas de inserção social, quando tal inserção era promovida com sucesso, era considerada uma cura, ou pelo menos terapêutica, e a explicação do sucesso se valia de noções psicanalíticas. As idéias rechaçadas retornavam a propósito daquelas que pretendiam substituí-las (LERNER, 2006, p. 23).

Apesar de o Acompanhamento Terapêutico se valer das noções da psicanálise e, como observamos, ser muito voltado para as questões de inserção social, a articulação entre ambos surge como algo difícil de acontecer:

> Em decorrência desse embate, torna-se difícil uma articulação entre psicanálise e iniciativas de inserção social. Em entrevistas, é muito freqüente que profissionais relatem se sentir perdidos ou desamparados em sua prática: se vão em uma direção, sentem-se mal por não se dirigirem a outra. Esta parece ser uma razão importante para que o profissional sinta que não consegue fazer muito por seu paciente, uma vez que não tem como se dar conta das diversas imposições oriundas do dispositivo discursivo institucional. Isso vale tanto para equipes de instituições de saúde mental quanto para acompanhantes terapêuticos. Quando os mesmos profissionais trabalham em seus consultórios, não se detecta a ocorrência do que foi descrito até aqui. É muito provável que isso decorra do fato de não haver, no consultório, a heterogeneidade apontada (LERNER, 2006, p. 25).

Uma das consequências dessa dificuldade aparece, por exemplo, no fato de que a prática do AT acaba aceitando a ideia da sua insuficiência e a tentativa de compensá-la julgando ora que isso se deve à precariedade de sua formação técnica ora que isso se deve à insuficiência do paciente:

> Instaura-se um círculo vicioso: o profissional se sente incapaz tanto de compensar a insuficiência do paciente como de fazer face à demanda de realizar o projeto de poder das marcas discursivas heterogêneas que embatem entre si; a fim de recuperar a importância de seu lugar, acaba por intensificar o destaque das insuficiências dos pacientes, o que tornaria mais necessária ainda sua presença, compensando, aparentemente, a fraqueza que sente contaminar sua atividade (Lerner, 2006, p. 26).

Com Kleber Barretto (2000) vemos a prática do AT pensada tanto em termos de ética quanto de técnica baseada na psicanálise winnicottiana:

> O manejo (management), como a maior parte dos termos utilizados por Winnicott, caracteriza-se por estar muito próximo de uma linguagem cotidiana. [...] é possível apreender, através de seus textos, que o manejo se refere a uma intervenção no setting (enquadre) e/ou no cotidiano do sujeito, levando em conta suas necessidades, sua história e a cultura na qual está inserido, a fim de promover seu desenvolvimento psíquico. É por meio dessa técnica que se exercerão as diversas funções ambientais que são fundamentais na constituição do self de um sujeito, como procuramos apresentar em vários capítulos da nossa romaria. É nesse sentido que o manejo consiste na técnica privilegiada do AT (Barretto, 2000, p. 196-197).

2 – Nossa segunda observação é a de que, certamente como efeito do conjunto de autores que formam a referência básica dessa literatura, nela prevalece uma consequência tirada da distinção psicanalítica entre a neurose e a psicose, a primeira como aquilo que se esconde no fundo do inconsciente e a segunda como aquilo que se expõe a uma plena visibilidade. O Acompanhamento Terapêutico, por motivos históricos, inicia-se como auxílio aos psicóticos e esse fato levou, desde o início, a descrever o AT como aquilo que ultrapassa as paredes do consultório e se espalha até as fronteiras do espaço público. Hoje, embora o AT se volte para uma variedade mais ampla de pacientes para além dos psicóticos (suicidas, depressivos, drogadependentes, crianças abandonadas ou com dificuldades escolares, vítimas de violência doméstica, etc.) e seja designado por alguns autores como a "clínica do desamparo" ou "o território das patologias do desamparo" (Mauer; Resnizky, 2005), tanto a literatura como os ats se

referem ao AT como "saída", "circulação", "extramuros", "espaço público", em suma, um vocabulário originado do tema psicanalítico da psicose como explosão incontrolável ou pura exteriorização, traduzida, agora, em termos sociais como exposição pública:

> A psicose, de uma forma geral, coloca o paciente num labirinto sem saídas para o outro que sempre se apresenta como persecutório, invasivo e ameaçador. Estabelecer saídas para uma outra relação com esse outro da cultura e do social é a principal tarefa do AT. O AT media a relação entre seu acompanhado e a rua e trabalha para ser cada vez menos necessário, de forma que, depois de algum tempo, se torne apenas uma referência, alguém a quem se pode recorrer se necessário.
> A rua, aqui tratada, corresponde aos espaços sociais extra-institucionais, as lojas, o ônibus, o banco, a casa, com suas possibilidades e limites, a violência, a diversidade, suas muitas tribos, seus signos (MAIA, 2002, p. 60).

Como escrevem Ana Celeste Pitiá e Antônia Furegato, o AT possibilita a circulação do paciente no espaço público da rua e da cidade:

> O AT é um tipo de atendimento clínico que se caracteriza pela prática de saídas pela cidade, ou estar ao lado da pessoa em dificuldades psicossociais com a intenção de se montar um guia terapêutico que possa articulá-la novamente na circulação social, por meio de ações sustentadas numa relação de vizinhança do acompanhante com o sujeito e suas limitações, dentro do seu contexto histórico (PITIÁ; FUREGATO, 2009, p. 73).

A questão da circulação também é expressa pelo tema, recorrente nos discursos de nossas entrevistadas, da saída do e com o paciente, como podemos observar a seguir:

> O atendimento se dá em locais e circunstâncias que fazem parte do dia-a-dia do paciente. É bastante comum o acompanhante ir ao encontro do paciente em casa e daí fazerem o que se convencionou chamar de uma saída. Outras vezes o paciente vai ao encontro do acompanhante em algum lugar público ou ainda aguarda o acompanhante na saída do hospital-dia, da escola ou, menos freqüentemente, do próprio trabalho (CARVALHO, 2004, p. 23).

E, pelo que escreve Araújo, a questão da "circulação" e da "rua" é articulada à problemática da clínica, da terapêutica:

A rua como espaço clínico (EQUIPE DE A.T DO HOSPITAL-
-DIA A CASA, 1991). Esse é o título de um dos primeiros livros
editados sobre Acompanhamento Terapêutico. Seu título anuncia
um novo local de atuação clínica: a rua. Entretanto o que a rua teria
de clínico? Por que atribuir a esse espaço a qualidade de clínica?
Em que situações a rua pode ser entendida como clínica? Pode-se
chamar a perspectiva de um atendimento na rua de clínica? Tais
questionamentos nos levam a duas outras séries de perguntas. A
primeira põe em análise o estatuto da clínica e do seu objeto de
intervenção enquanto acompanhamento terapêutico: O que vem a
ser clínica? O que vem a ser acompanhamento terapêutico? O que
acontece na rua e o que acontece com as pessoas que acompanhamos
na rua? Que concepção de sujeito ou de subjetividade nos permite
pensar a clínica como um passeio pela rua? Já uma outra série de
perguntas coloca em análise a dimensão ético-política da clínica
vista pelo viés do acompanhamento terapêutico: O que acontece
com a rua quando a tomamos como clínica? Quais aspectos éticos
e políticos estão presentes quando a clínica toma a rua como seu
espaço de intervenção? Qual a relação da cidade com a clínica?
(ARAÚJO, 2007, p. 15).

Além da referência à psicose, portanto, à psicanálise, a cenografia do
AT como terapêutica da rua como espaço clínico ou como cena pública
é, sem dúvida, devedora de sua articulação com outra cena, qual seja, a da
demolição dos muros das instituições psiquiátricas, vinda do movimento
da Reforma. E, dessa maneira, vemos apontada como a principal função
do AT (e dela decorre o fato de ser terapêutico) a promoção de saídas
para o paciente cuja doença o impossibilita sair:

> O Acompanhamento Terapêutico é um procedimento clínico em
> Saúde Mental, cujo objetivo é proporcionar recursos para uma
> melhor qualidade de vida daqueles que, de alguma forma, têm um
> sofrimento psíquico que restringe sua circulação no mundo. A fun-
> ção principal do acompanhante terapêutico é criar ações, juntamente
> com o paciente, que possibilitem maior autonomia e reinserção
> social. Por exemplo, promover saídas pela cidade, realizar atendi-
> mento domiciliar, acompanhar em consultas e atividades de lazer.
> Na medida em que é proposto ao paciente movimentar-se, a partir
> de seus lugares de referência, criam-se novos espaços e contatos
> que irão gerar outras possibilidades em sua maneira de relacionar-
> -se, a fim de facilitar o convívio familiar, a capacidade criativa e a

interação com o mundo. Sendo, assim, uma possível alternativa à internação constante, ao confinamento dentro de casa e até mesmo outras saídas mais drásticas (MOURA, 2002, p. 55).

Todavia, é possível observar que a presença de duas cenografias na prática discursiva do AT — a da psicose como exteriorização, visibilidade, exposição, e a da terapêutica como recusa do espaço fechado de hospitais e consultórios — pode produzir um efeito paradoxal sobre a literatura do AT, qual seja, uma prática discursiva para o espaço aberto que, entretanto, se baseia numa prática discursiva do e para o espaço fechado. Essa ambiguidade explica a difícil questão que aparece na literatura e nas entrevistas que fizemos sobre a institucionalização e a desinstitucionalização do AT e a profissionalização dos ats.

Assim, é interessante notar que Araújo aponta para o fato de que uma teoria elaborada para o *setting* fechado, ao ser transposta para o espaço público, pode ser geradora de uma visão que inferioriza o AT.

> Cabe ainda estarmos atentos ao fato de que a literatura sobre acompanhamento terapêutico é ainda muito escassa e dispersa. Boa parte do que existe escrito se resume a uma transposição para o campo do acompanhamento terapêutico, de teorias desenvolvidas em práticas de setting fechado. "Sem dúvida, ocorre igualmente a aplicação de teorias já existentes, de tal maneira que muito se perde da riqueza das experiências do acompanhamento, o que torna o texto árido, quando não inócuo" (BARRETTO, 1997, p. 251). Em tal transposição — de teorias produzidas em um setting fechado para um setting aberto — é de costume se manter a concepção de subjetividade que fora pesquisado e elaborado dentro do próprio setting fechado. [...] Notamos então a manutenção das concepções de subjetividade como se elas fossem as verdades do humano e não estivessem relacionadas com os dispositivos através dos quais foram criadas. As novidades produzidas na passagem para um setting aberto quase sempre giram em torno de um afrouxamento das técnicas do consultório — o que, diga-se de passagem, muitas vezes faz com que o acompanhamento terapêutico seja visto como uma prática clínica inferior ou auxiliar (ARAÚJO, 2007, p. 16).

3 - Em terceiro lugar, e como consequência dos dois aspectos anteriores, mencionaremos como tema recorrente da literatura (e que reaparece nas entrevistas) a questão da formação. Todos os autores se voltam para

esse tema, seja para propor a formação ideal do at, seja para descrever a formação efetivamente existente e seus problemas, seja, enfim, para afirmar o caráter interdisciplinar dessa prática.

Essas três perspectivas aparecem, como se verá, nos discursos das entrevistadas, mas paradoxalmente como uma contradição não percebida por elas, pois em seus discursos afirma-se que o AT precisa de uma ampla e sólida formação teórica e clínica e, ao mesmo tempo, diz-se que ele não é nem uma teoria nem uma técnica e que "qualquer um pode ser at", desde que tenha a disposição para ir ao encontro do sofrimento alheio. Dessa maneira, aquilo que na literatura aparece como diferença entre a formação ideal e a formação existente traduz-se nos discursos das entrevistadas não como diferença, mas como um paradoxo entre a exigência da excelência da formação e a aceitação da espontaneidade emocional do acompanhante sinceramente dedicado.

Dessa forma, os seguintes textos nos falam do caráter interdisciplinar do AT:

> Segundo Ibrahim: Hoje, o Acompanhamento Terapêutico configura uma atividade clínica com especificidades que [a] diferenciam de todas as outras. Por isso, cabe aos acompanhantes a tarefa de pensar e aperfeiçoar o trabalho, recebendo contribuições de todas as áreas, porém, tendo a clareza de que só aos acompanhantes cabe o papel de investigação dessa prática (1991: 49) (CARVALHO, 2004, p. 22).

E continua:

> Podemos dizer que as pessoas que costumam beneficiar-se do Acompanhamento Terapêutico, em geral, portam um sofrimento psíquico grave que vai muito além do problema de saúde em si. Se, por um lado, não podemos ajudar a resolver todas as dificuldades por que passam as pessoas que acompanhamos, por outro, temos consciência de que o que se demanda de um acompanhante terapêutico não está restrito à atenção à saúde e sim de maneira mais ampla ao resgate e à promoção de qualidade de vida (CARVALHO, 2004, p. 25).

Já esta outra autora descreve o at como um técnico de nível superior:

> O Acompanhante Terapêutico é um técnico com formação universitária que realiza atendimentos domiciliares e acompanha seu paciente nos espaços de circulação social, auxiliando-o nas relações e nas tarefas do cotidiano que pareçam ao paciente muito difíceis,

ou mesmo impossíveis. Essas tarefas às vezes são: andar de ônibus, abrir uma conta bancária, freqüentar o consultório de um psiquiatra, entre outras tantas.

Ele trabalha dentro de um projeto terapêutico, articulado na direção da reabilitação psicossocial, propondo atividades, passeios pela cidade, descoberta de novos lugares e possibilidades, discussões sobre seu tratamento e o seu adoecimento (MAIA, 2002, p. 60).

Feita essa retomada da literatura sobre o Acompanhamento Terapêutico, com a qual, acreditamos, já se esteja esboçando para o leitor tanto o que será mostrado mais adiante nas entrevistas como nossa estratégia de pensamento, vamos a seguir explicitá-la, ou seja, explicitar o método da Análise Institucional do Discurso e quais os procedimentos realizados quanto às entrevistas e suas análises. Assim, pensamos que o leitor poderá nos acompanhar nas páginas que se seguem com maior clareza e compreensão.

Capítulo 3
A Análise Institucional do Discurso e os procedimentos da pesquisa

Nossa pesquisa fundamenta-se na Análise Institucional do Discurso de Marlene Guirado (2006). Isso significa que buscamos nos *modos de dizer* de nossos entrevistados a maneira como relacionam suas práticas em seus discursos, que lugares se atribuem ao fazerem essas relações, que lugares atribuem àqueles que acompanham, bem como a outros atores que constituem o AT.[14]

Comecemos nosso percurso pela breve investigação dos termos que dão nome ao método. O primeiro termo, *análise,* vem do grego *análysis,* cujo significado é "dissolução"; analisar é decompor uma substância ou um tópico complexo em seus diversos elementos constituintes.

Antes de nos aproximarmos do segundo termo, passemos agora para o último: *discurso.* Esse termo pode ser entendido como a *prática social* de produção de textos (orais ou escritos). Assim, podemos dizer que todo discurso não é uma ação individual, mas, sim, uma construção social. Em Foucault (1996), encontramos o discurso como *acontecimento,* isto é, como atividade ou prática social, como relação entre posições, como instituição; e em Maingueneau (1997), a noção de discurso aparece como *cena enunciativa.*

---
[14] Para melhor entendermos esta proposta, não podemos nos furtar da aproximação com a linguística, com a filosofia e com a sociologia, pois Guirado (2006) baseia seu método no pensamento do linguista Dominique Maingueneau (1997), no de Michel Foucault (1996) e no conceito de *instituição* de Guilhon Albuquerque (1978). Na verdade, porém, Marlene Guirado (2009) se utiliza da filosofia, da linguística e da sociologia para chegar a seu objeto de estudo, que não é o mesmo de nenhuma dessas outras ciências. Seu objeto, o *sujeito psíquico,* encontra-se na psicologia. Por esse motivo, devemos entender que a Análise Institucional do Discurso dialoga com as referidas ciências ou autores, entretanto, por mais aproximações que encontremos entre eles e o método de Guirado (2009), este está estabelecido na psicologia.

Passemos então ao segundo termo – *institucional* – articulando, agora, essas ideias ao conceito de Albuquerque (1978) sobre *instituição* "como relações sociais concretas que se repetem e, nessa repetição, legitimam-se" (GUIRADO, 2009, p. 145), de maneira que o sujeito psíquico, cuja sede está sempre estabelecida no discurso, é matriciado nas relações institucionais.

Sem dúvida, a decisão metodológica de tratar o sujeito por meio da análise institucional do discurso apoia-se prioritariamente em Foucault (1996), para quem a formação discursiva é "um conjunto de regras anônimas, históricas, sempre determinadas no tempo e no espaço, que definiram, em uma época e para uma área social, econômica, geográfica ou linguística, as condições de exercício da função enunciativa", ou seja, a formação discursiva é uma relação de interioridade entre o discurso e suas condições de produção. O discurso se exerce a partir de uma posição e supõe relação entre posições. Dessa forma, podemos compreender de que modo é concebido como prática discursiva, como acontecimento cujas condições de produção não lhe são dadas por uma realidade exterior.

É a partir das ideias do filósofo que poderemos entender o linguista. Para Maingueneau (1997), é o gênero de discurso que dá visibilidade às relações de interioridade entre os discursos e as práticas sociais. O autor propõe que os discursos e os falantes se submetem, respectivamente, às formações discursivas e à ordem do discurso. Vemos, portanto, o discurso ser concebido como instituição por seu componente pragmático. Ele é um instrumento de distribuição e disseminação de poder e de seus efeitos; e não um simples instrumento de transmissão de informação. É ele o que permite que as relações entre os interlocutores e seus enunciados sejam construídas e transformadas. Assim, escreve Maingueneau:

> O discurso está na instituição, e a instituição também se configura por meio das instituições do discurso. A linguagem representa uma realidade, mas, também, é parte dessa realidade. O discurso é um dispositivo social, mas também é uma representação dessa sociedade. É uma coisa paradoxal, mas é preciso pensar com o paradoxo (MAINGUENEAU, 1997, p. 27).

O discurso é uma instituição social em dois sentidos: em primeiro lugar por que ele é a maneira pela qual a linguagem se refere à realidade social, mas em segundo lugar porque a própria linguagem é instituída pela sociedade. É esse duplo sentido do discurso que leva Maingueneau a dizer que o discurso é um dispositivo social (ele depende de uma prática social que o institui) e uma representação do social (ele é a maneira pela qual os membros de uma sociedade a interpretam para si próprios). Graças a essa duplicidade é que podemos compreender por que a cena enunciativa deve ser entendida como um dispositivo constitutivo tanto dos sujeitos que nela se reconhecem quanto da construção do sentido. Ao mesmo tempo, o discurso põe em funcionamento dispositivos para assegurar que esta cena não seja tomada como uma duplicação ilusória da realidade, pois a realidade está no interior e no exterior do discurso.

Para Guirado (2000), as condições de produção de um discurso são, imprescindivelmente, outros discursos e é assim que as formações discursivas se constituem com e nas práticas institucionais, pois uma instituição não deve ser tomada no sentido corrente de estabelecimento,[15] e sim como ação, e seus atores são atores institucionais. E ela só existe, portanto, pela ação concreta desses atores que se constituem como sujeitos pelas relações que estabelecem entre si próprios e com seu fazer. Guirado nos explica que instituição é:

> Conjunto de práticas sociais que se reproduzem e se legitimam, num exercício incessante do poder; um poder entre agentes, dos agentes com uma clientela; um poder na apropriação de um certo tipo de relação como própria, como característica de uma determinada instituição (GUIRADO, 2004, p. 69).

Ao nos fundamentarmos na Análise Institucional do Discurso, buscamos os *modos de dizer*, as formas como nossos entrevistados relacionam suas práticas em seus discursos e que lugares se atribuem e atribuem aos outros ao fazerem essas relações.

Procedimentos

Realizamos entrevistas semiabertas com acompanhantes terapêuticos e, por meio de suas falas a respeito de seu próprio trabalho, do paciente, de sua formação, visamos identificar qual o discurso que proferem sobre o Acompanhamento Terapêutico.

Entendemos por entrevista semiaberta aquela na qual o entrevistado é convidado a falar sobre um assunto, no caso, sobre seu trabalho como at, expor seu ponto de vista, instigado por uma pergunta de abertura do entrevistador. A partir de então, um roteiro discreto orienta as demais falas, sem que seja o entrevistado interrompido ou reconduzido ao tema de

---

[15] Sentido que encontramos, por exemplo, nas expressões de Goffman "instituições totais" e de Basaglia "instituições de violência", que mencionamos no Capítulo 1.

preferência do entrevistador, durante sua narrativa. O entrevistador tem a liberdade de intervir para investigar algum ponto que não lhe tenha ficado claro. As perguntas formuladas são de tipo aberto, permitindo maior expressão do entrevistado. Temos analisado estas entrevistas e

> O método de análise de discursos permite perceber a estratégia de subjetivação – o lugar no e pelo qual o sujeito se constitui e se legitima como tal perante o outro – por meio da detecção de certos indicadores discursivos na fala [...]. Não vamos buscar nada além da fala. Não nos propomos, como faz a psicanálise, a escutar o não dito através do dito, ou a qualquer tipo de interpretação que nos conduza a um sujeito para além do discurso (ORTIZ, 2007, p. 111).

Julgamos que este tipo de entrevista nos permite realizar uma análise do discurso que sempre é construído em determinado contexto social e histórico, ou seja, como explica Guirado (2009), as práticas sociais são produtoras de subjetividade e constituem os lugares nas relações que, pela repetição, vão sendo legitimados, autorizados e consolidados. Assim, os acompanhantes terapêuticos formam um discurso sobre sua prática que ao ser repetido vai consolidando lugares para o Acompanhamento Terapêutico. Por isso nossa intenção não é fazer uma crítica ao Acompanhamento Terapêutico, e sim análises que permitam entrever seu lugar no intercontexto das práticas de atendimento à saúde.

Entrevistamos nove acompanhantes terapêuticas brasileiras, de variadas formações de origem. São elas três psicólogas, três enfermeiras e três terapeutas ocupacionais. Quando iniciamos nossa pesquisa não pensamos em diferenciar nossos entrevistados por sexo ou idade. De fato, as entrevistadas possuem idades variadas, indo de 24 a 50 anos. Entretanto, sem que o tivéssemos planejado, são todas mulheres. Nosso critério de escolha dos entrevistados foi serem acompanhantes que exerciam essa atividade no momento das entrevistas e que tivessem disponibilidade para serem entrevistados.[16]

Ao analisarmos as entrevistas, buscamos não diferenciar nossas entrevistadas por suas formações de origem para não criar, *a priori*, um viés. Dessa maneira, não nos referimos a elas, no capítulo da análise, quanto à sua formação de origem, a não ser quando essa questão surge no discurso. Também para que sua identificação fosse preservada, demos a elas nomes fictícios. São: terapeutas ocupacionais – Maria Paula, Maria Dolores, Maria

---

[16] Todas as participantes da pesquisa assinaram o Termo de Consentimento Livre e Esclarecido.

Fernanda; psicólogas – Maria Cristina, Maria Teresa, Maria Isabel; enfermeiras – Maria Aparecida, Maria Antônia, Maria Vitória.

As entrevistas foram gravadas e logo transcritas. Após as transcrições, realizamos uma primeira análise de cada entrevista e dessa maneira buscamos verificar quais elementos eram repetidos em cada uma delas; quais os lugares assumidos e atribuídos por cada entrevistada; as oposições, tensões e resistências mostradas nas cenas; e, por fim, a ocorrência de cortes temáticos. A partir dessa análise, surgiram categorias que nos fizeram retornar às entrevistas para a verificação da diversidade e repetição de tais categorias.

Dessa maneira, utilizamos como evidência de nossa análise as partes mais significativas das entrevistas (partes que o leitor poderá encontrar mais de uma vez reproduzidas) para elaborarmos um texto resultante das articulações feitas até então.

A seguir apresentamos o roteiro definido para as entrevistas.

Roteiro Entrevista AT

1) Você pode me contar um dia de acompanhamento? Como você faz? (Se necessário contar a sequência.)

2) Você teve no trabalho de AT, até agora, uma situação que o(a) marcou? Você pode contar? (Por que foi marcante? – perguntar caso isso não seja dito espontaneamente.) (Se foi experiência boa, perguntar sobre uma difícil e vice-versa.)

3) Conte um pouco do seu percurso profissional, no geral, sua formação, como chegou até o AT...

4) Há uma teoria que fundamenta sua prática? Como é isso?

5) Quem você reconhece como seus pares no AT? (Quais profissões.)

6) Como você entende a questão da formação? (Tanto para ser at como dos profissionais da saúde.)

A análise de discurso das entrevistas foi organizada em três grandes grupos temáticos:

I - a objetivação do paciente/cliente no discurso das ats

II - a subjetivação do acompanhante no discurso das ats

III - o Acompanhamento Terapêutico na fala das ats.

Capítulo 4
O Acompanhamento Terapêutico, seus atores e sua objetivação no discurso das ats: análise das entrevistas

[...] desacompanhada do discurso, a ação perderia não só seu caráter revelador como, e pelo mesmo motivo, o seu sujeito, por assim dizer: Em lugar de homens que agem teríamos robôs mecânicos a realizar coisas que seriam humanamente incompreensíveis. Sem o discurso, a ação deixaria de ser ação, pois não haveria ator; e o ator, o agente do ato, só é possível através das palavras. A ação que ele inicia é humanamente revelada através de palavras; e, embora, o ato possa ser percebido em sua manifestação física bruta, sem acompanhamento verbal, só se torna relevante através da palavra falada na qual o autor se identifica, anuncia o que fez, faz e pretende fazer.

Hannah Arendt

A objetivação do paciente/cliente no discurso das ats

As acompanhantes terapêuticas por nós entrevistadas, quando nos relatam seu cotidiano e seu fazer, apresentam em seus discursos o paciente/cliente do Acompanhamento Terapêutico como pessoas em sofrimento psíquico e se apresentam como aquelas que trabalham com esse sofrimento. Antes de examinarmos esse segundo aspecto, vamos nos deter aqui no primeiro.

Logo de início, podemos depreender das entrevistas a relação entre Acompanhamento Terapêutico e psiquiatria, que surge nas falas que se referem aos pacientes. Estes são designados por termos de diagnósticos psiquiátricos: "pessoa em sofrimento psíquico", "um esquizofrênico", "pessoas com transtorno psíquico grave... então transtorno bipolar... esquizofrenia...

dependência química [...] às vezes associado a uma esquizofrenia... algum outro transtorno mental...", "esquizofrenia paranoide". O discurso se refere ao medo, a delírios, a alucinações e ao abandono familiar, fala em pessoa em risco de suicídio, psicótica, com problemas físicos, menciona também usuários de drogas, resistência medicamentosa, com transtorno bipolar, com síndrome do pânico, depressivos.

A doença é apresentada pelas ats como aquilo que, tirando a estrutura e a identidade do paciente, deixa apenas o diagnóstico clínico. Porém, essa falta de estrutura e identidade se mostra como a oportunidade para o trabalho do at, que buscará despertar de novo os desejos do acompanhado, pois o paciente não é apresentado pelas entrevistadas apenas por aquilo que lhe falta, mas como alguém que tem uma história e desejo e alguém capaz de "exercer alguma atividade criativa no mundo...". Os pacientes surgem como carentes, mas não desprovidos de tudo.

A ordem psiquiátrica

Há um extrato de uma das entrevistas bastante elucidativo quanto à designação de quem seja o paciente do AT:

> Olha... *se for ver são pacientes psiquiátricos... dependentes químicos... tem transtorno bipolar...* aquele paciente primeiro que eu te falei... marcante... o diagnóstico dele era *transtorno bipolar...* teve uma outra paciente com *transtorno bipolar...* não tem assim... *já teve paciente que teve surto psicótico... mas não há nada especificado...* chegou uma com... *ela dizia que era síndrome do pânico...* mas ela estava sem tratamento... ela estava... então assim... através do AT ela está... passou por uma avaliação psiquiátrica... então assim... está começando um direcionamento... *ela só estava isolada* dent... assim... *isolada porque ela morria de medo...* ficava *muito ansiosa* de sair na rua... sempre tinha que estar com alguém da família... mas a casa dela é muito cheia de gente... mas ela *para sair mesmo era uma coisa meio complicada...* mas mesmo nessa coisa do sair estava se estabelecendo assim... na verdade ela estava precisando de uma condução porque ela tinha *um problema depressivo...* que foi mal... aí a psiquiatra avaliou que foi malcuidado há um tempo atrás... tomou uma medicação nada a ver... e ela abandonou o tratamento medicamentoso e fica assim à deriva nessa parte de medicamento... (Maria Vitória)

Esse discurso, que já desde o início se apresenta como objetivo e direto (a entrevistada define os pacientes, pois emprega o verbo *ser*, dizendo o que os pacientes *são*), traz à cena o paciente do AT como o mesmo paciente da psiquiatria – "se for ver, são pacientes psiquiátricos". É também um discurso generalizante – "são pacientes" –, e utiliza um índice de indeterminação *se*, de maneira que o paciente se torna visível para quem quiser vê-lo segundo critérios psiquiátricos ("se for ver, são"), num movimento de generalização.

Maria Vitória, após iniciar o discurso na generalização, passa à singularização e, assim, o transtorno bipolar, que era um substantivo ou o objeto do AT, passa a ser qualidade (um adjetivo) de determinado paciente do at.

O que surge no discurso é, de fato, uma *indeterminação*, pois a entrevistada parte de uma afirmação que parece definitiva pelo uso do verbo ser – os pacientes *são* –, entretanto, passa a usar o verbo *ter* no pretérito perfeito – *teve* –, deixando a ideia de que algo ocorrido no passado é fator de mudança da afirmação anterior, feita com o verbo no presente. Algo que ocorreu no passado faz com que a primeira afirmação sobre o presente seja posta em dúvida. De fato, embora a afirmação "já teve paciente que teve surto psicótico" pudesse ser interpretada como confirmação de que os pacientes do AT *são* psiquiátricos, contudo, ao ser contraposta a uma adversativa seguida de uma negativa – "mas não há nada especificado" –, faz desaparecer o caráter afirmativo do primeiro enunciado.

Outro termo de indefinição, em realidade uma expressão com força de indeterminação é... *não tem assim*... colocado no meio de duas afirmações, mas que lhes tira a força. Na sequência, outro enunciado nos vai mostrando a mesma ideia: a paciente que chegou "dizia que". O verbo conjugado no pretérito imperfeito nos dá a ideia de incompletude, ou seja, de que a fala da paciente é uma afirmação não segura, contestável, o que se reforça com a informação, dada a seguir, sobre a falta de tratamento da paciente e de seu encaminhamento para uma "avaliação psiquiátrica". Assim, somos levados para o saber da psiquiatria, que pode dizer mais da paciente do que ela própria: a psiquiatria concluirá que a paciente, na verdade, *tinha um problema depressivo*. O saber psiquiátrico é trazido à cena para dizer, finalmente, quem *é* o paciente do AT e assim toda dúvida esvanece no ar, pois mesmo quando o paciente não tem um diagnóstico psiquiátrico é ao psiquiatra que ele e o AT vão se remeter para determinar o que ele tem ou é.

Dessa maneira, também encontramos no relato de Maria Paula sobre seu primeiro trabalho como acompanhante terapêutica a relação com a psiquiatria:

> [...] e aí eu fiz meu primeiro acompanhamento nesta cidadezinha... com um rapaz... um *esquizofrênico*... que tinha acabado de sair de uma internação muito prolongada [...]
>
> [...] algumas alternativas... [...] pra essa coisa de *trabalhar com* [...] a pessoa em *sofrimento psíquico* [...] eu atendia pacientes que vinham... *eram encaminhados normalmente de outr, de psiquiatras* em geral... porque eu estava nessa área né... e a gente atendia *as pessoas com transtorno psíquico grave*... (Maria Paula).

O discurso nos informa sobre uma at que diz "trabalhar com o sofrimento psíquico", portanto, algo genérico e ainda abstrato, entretanto, a esquizofrenia surge como algo palpável, concreto, uma vez que a encontramos por meio da substantivação de um adjetivo: "um esquizofrênico". Essa concretude ou substantivação é o que permite à at usar o verbo *trabalhar*. Nesse começo do discurso, os atendimentos realizados são apresentados como "encaminhamentos por psiquiatras". Há, portanto, referência explícita à ligação com a psiquiatria e a extensão e a intensidade dessa ligação é indicada num lapso que revela que a própria identidade como at é balizada segundo este *outr*..., conformando uma cena transferencial protagonizada pelo par at-psiquiatras.

Em outro trecho, a entrevistada diz que atendia *pacientes agudos* que estavam internados. Encontramos, portanto, o at/AT lidando com os diagnósticos psiquiátricos e o internamento. Porém, o discurso dessa at mescla a ligação com a psiquiatria e a posição da Reforma Psiquiátrica, pois ela emprega a expressão (vinda da Reforma) "sofrimento psíquico" como se com isso atenuasse a substantivação do paciente-doença, característica da designação psiquiátrica.

Encontramos ainda nessa mesma entrevista, e em várias outras, esse tipo de referências provenientes de dois discursos diferentes e incompatíveis:

> [...] era um caso muito grave de *diagnóstico clínico de esquizofrenia paranoide*... e ele internou assim numa situação de *completo abandono familiar*... tudo... ele estava há oito meses abandonado... [...] Os vizinhos chamaram a ambulância... E lá ele tinha muito *medo*... que ele tinha um... ele tinha um *delírio*... e tinha *alucinações* de invasão corporal por bichos... Então ele achava que ele estava tendo um desmembramento corporal [...] Essa internação foi uma internação prolongada... que *era muito grave*...
>
> [...] uma garota que tinha sido encaminhada pra gente por, por *risco suicida*... (Maria Paula).

Nos dois recortes acima, os pacientes são apresentados a partir de um diagnóstico clínico e, simultaneamente, com uma referência não clínica, isto é, o "abandono", e este leva o discurso a mostrá-los como aqueles para quem o atendimento chega por mediação de outras pessoas, mediação claramente nomeada, como no caso dos vizinhos, ou uma mediação inespecificada, como no caso da garota que "tinha sido encaminhada" não se sabe por quem. Dessa maneira, o discurso apresenta não só os pacientes referidos aos seus quadros diagnósticos, mas também à necessidade da intermediação na busca de atendimento, o que sugere pessoas percebidas pelas ats em estado de dependência, ou "completo abandono".

Há outro extrato que nos mostra uma questão diversa da dependência, parecendo, inclusive, indicar certo grau de autonomia da paciente, que aceita o atendimento buscado por terceiros, no caso a família. Assim, também há a mediação entre at e paciente, mas com a participação da paciente.

> [...] *essa paciente, ela... ela é... ela é uma... uma... uma menina, de... uma, um, uma* [...] *Uma menina, ela tinha mais ou menos uns dezessete anos e... ela não saía de casa.* [...] conversei um pouco com a família e em seguida já fui ao encontro da paciente, ela estava junto nessa conversa... e... ela falou assim: Bom! ahn... Eu acabei aceitando que você viesse... porque *eu tenho síndrome do pânico!*... [...] *Não era uma moça psicótica... né... era só uma pessoa que teve, tava... em crise*, né. [...] era uma pessoa que *tinha um sofrimento grande*, sem dúvida nenhuma, tinha passado pela perda do pai e... que era uma referência importante na vida dela... mas, era isso. [...] *uma pessoa bem com um diagnóstico complexo, que não se trata de um psicótico que é o que a gente tá acostumado, né... a gente tá acostumado com psicótico!* Não se trata do psicótico, tem indicação de AT, né, pelo psiquiatra (Maria Cristina).

Maria Cristina inicia a apresentação da paciente pela idade e com uma descrição do que ela diz e sente. E a própria menina se rotulou, deu a si mesma um diagnóstico psiquiátrico – "tenho síndrome de pânico" –, rótulo que justifica a aceitação de AT. Mais uma vez, vemos a relação ser intermediada pelo psiquiatra, mesmo que seja pontuado que a paciente era uma pessoa sem diagnóstico de psicose – "não era uma moça psicótica" – e sim de alguém em "grande sofrimento", mas é pela indicação do psiquiatra que o AT vem para a cena.

Assim, a psiquiatria se mostra referência importante tanto para a at como para o paciente, e o lugar que este ocupa no discurso daquele é determinado pelos diagnósticos psiquiátricos: "a gente tá acostumado com psicótico".

Para além da ordem psiquiátrica

Contudo, este não é o único lugar mostrado pelos discursos. Parece haver também um lugar não psiquiátrico. Isso aparece, por exemplo, em trechos dos discursos em que alguns pacientes ocupam um lugar de ameaça. São ameaçadores porque violentos. Como podemos observar, é muito pouco "psiquiátrica" a seguinte apresentação dos pacientes:

> [...] *só que esse grupo* era complicado, porque tinham alguns pacientes que eram *usuários de drogas*. Então, tava... tinha... tava, tinha uma certa ameaça; que era um grupo que tinha duas pessoas, nesse grupo, que eram muito violentas...

Num primeiro momento, o discurso generaliza a complicação do grupo pelo fato de serem "usuários de drogas", mas, em seguida, há uma singularização e a questão é deslocada para a violência de duas pessoas. A expressão "só que" indica que este não é o mesmo lugar do encaminhamento psiquiátrico, sugerindo que, por ser "complicado", pode escapar da expectativa do grupo-padrão (os psicóticos) para AT.

Lugar generalizado também aparece no discurso que se segue:

> [...] *Só que você* imagina que lá *tem gente* que tem problema, *desses* nossos que estavam comigo que tem *problemas físicos, cegos, ahn...* outros *mal caminhavam*, né? Assim, não só problema físico, ahn... problemas nas pernas mesmo, né... de... de... de ter meia perna só, né? Ahn... assim, problemas *muito graves*, né? (Maria Cristina)

A generalização aparece com "tem gente", mas logo em seguida há uma especificação com o demonstrativo "desses". Os pacientes são descritos em vez de rotulados. E é assim que entram em cena no discurso as questões sobre os problemas físicos dos pacientes atendidos pelos ats e que nos mostram outra faceta desses pacientes, os quais, pelas várias tentativas de descrição, não parecem ser, como seria o caso dos psiquiátricos, uma clientela legitimamente do AT.

> [...] eu estou atendendo uma *paciente* que ela *tem dificuldade de andar* por ela ter... ela *não é paciente psiquiátrica... ela tem uma deficiência orgânica* em que ela tem dificuldade de acesso na rua... de circular... e tal... e tem uma vida toda voltada só para ir para o hospital para o atendimento de hospital por conta dessa doença que já faz anos que ela tem... e então... tem coisas... e *ela é sozinha* também assim... pra sair... pra resolver as coisas dela... (Maria Antônia).

É interessante notar que algumas das entrevistadas, como a acima citada, trouxeram para a cena enunciativa não apenas as descrições físicas, mas também a questão da solidão, pois pacientes sozinhos, solitários, são pacientes que necessitam do AT, como anteriormente era também o caso da referência ao "completo abandono". No trecho acima citado, é feita uma descrição da paciente que, além de ser descrita como possuidora de "deficiência", numa contraposição entre o ter e a falta, é mostrada ainda por outra contraposição: "não é paciente psiquiátrica". Se ela precisa de AT é porque "é sozinha".

Os pacientes podem, portanto, ter deficiências ou doenças orgânicas e não necessariamente serem pacientes psiquiátricos, apesar de, como foi dito por uma das entrevistadas, serem os psicóticos os pacientes com os quais os ats estão acostumados. Há, portanto, uma revisão da expectativa no atendimento do at: este atende a pessoas que lhe apresentam situações que não correspondem ao que supostamente seria a clientela do AT.

Encontramos ainda no discurso das ats o AT atendendo a uma demanda diferente dessas referidas acima, no caso, o AT feito com crianças, com pessoas em situação de rua, vulnerabilidade e abandono. As entrevistadas dizem que o AT atende pessoas com *problemas sociais*.

> [...] quando eu recebi o convite *pra atender uma criança em situação de abrigo* eu falei: poxa, vai ser legal porque eu vou atender enquanto at, né? (Maria Teresa).

Nessa fala, a indeterminação se destaca. É dito que há um convite, mas não sabemos de quem. Dessa maneira, o convite nos mostra que há uma intermediação entre at e paciente, contudo não há referência ao agente do convite. Outra indeterminação que aparece é em relação à criança pelo uso do artigo indefinido, "uma criança", que só se distingue de outras por ser apresentada em uma situação específica, a "situação de abrigo".

Outra cena nos mostra o AT realizado com crianças:

> [...] quando começou o AT foi isso: *ele fugia muito, era rebelde... é... que ele era alguém que ao mesmo tempo era uma criança e também tava andando com companhias super mais velhas e com risco de entrar em questões sérias de uso de drogas* e de sumiço, de sumir pra sempre (Maria Dolores).

Aqui, é feita uma descrição da criança na qual, novamente, encontramos a simultaneidade entre definição – "é, era" – e indefinição – "alguém" –, e também encontramos "criança rebelde" superposta às "super mais velhas", e a *rebeldia*, apresentada pelas fugas, deixando de ser *rebeldia* para tornar-se "risco de sumir para sempre". A qual universo esse menino – "alguém" – pertencia? O que nos é apresentado pelo discurso é um menino que está na indefinição e em oposição a alguma coisa – *era rebelde* –, sem que seja definida a causa específica da rebeldia.

De maneira semelhante, encontraremos essa oposição da criança que vive num abrigo em relação a outra criança, mostrada em outro discurso, no qual, além de trazer para o AT o paciente criança, traz novamente uma questão comum a vários pacientes de AT objetivados até agora pelos discursos: a questão do abandono.

> [...] é um *menino de...* quando eu comecei a atender ele tinha *9 anos, depois ele fez 10*. [...] Ele tem uma história de [...] enfim tinha uma *questão familiar de abandono* e uma distância dessa família... é... e ele, encontrei ele *muito fragilizado assim mesmo, muito pueril, muito criança*, bem bonito o jeito dele de ser criança assim... é... é mais bem, bem fragilizado mesmo, *assim pedindo bastante a presença, pedindo afeto... é... quebrando milhares de regras no abrigo, aparecendo comportamentos... é... incômodos na escola, de brigas, fugas do abrigo*, muito, incomodando bastante a educadora que ele morava e a escola... (Maria Dolores).

Primeiro, há a descrição iniciada, mais uma vez, por uma indeterminação – "um menino" –, seguida pela determinação da faixa etária. Depois, as contradições aparecem quando o menino é descrito, ao mesmo tempo, como frágil, pueril e criança (tudo isso precedido pelo advérbio de intensidade "muito" ou seguido pelo uso de "milhares" de regras quebradas) ou um menino cujos comportamentos incomodam e como alguém que "pede presença". Há, ao mesmo tempo, um menino que "quebra regras" e "briga" e um menino que "pede afeto".

Vemos ainda que a história desse menino se confunde, no discurso da at, com sua questão, ou seja, o *abandono*, que, assim, é trazido à cena. A família também surge nesse extrato ocupando o lugar daquele que abandona e daquele que se distancia. Aqui uma nova contradição aparece. De fato, uma coisa é pensar a distância, isto é, uma presença que está separada do outro por certo espaço, mas que é passível de aproximação, ou seja, de diminuição do espaço de separação; outra coisa é abandono, para o qual a possibilidade de diminuição da separação é nula. No entanto, a família desse menino nos é apresentada com as duas atitudes e, portanto, ocupando os dois lugares.

Nos trechos que vimos citando, podemos perceber que estamos situados para além da ordem psiquiátrica não só porque os acompanhados são descritos sem referência ao quadro conceitual da psiquiatria, mas também e sobretudo porque os discursos das entrevistadas tendem a dar grande ênfase à situação social dos pacientes. Basta, para confirmar isso, nos remetermos a uma fala de nossas entrevistadas, na qual é apresentado o AT feito com pessoas em situação de rua, vulnerabilidade e abandono.

> [...] Eu tinha muita expectativa *de atender criança* quando eu comecei esse atendimento. Porque fazia muito tempo que eu *atendia só adulto bastante em situação de rua, de vulnerabilidade, bastante abandono, com mil problemas sociais*. Sempre fiquei bastante perto das questões de problemas sociais com AT no centro de SP (Maria Fernanda).

É interessante notar que Maria Fernanda diz ter "muita expectativa" de atender criança em contraposição a ter atendido só adulto, entretanto, as condições descritas por ela desses adultos em nada difere das problemáticas trazidas por todas as entrevistadas que trabalham com crianças. Dessa maneira, a temática trazida por esse discurso, no que se refere ao atendimento de adultos, mostra indiferenciação em relação à temática do atendimento de crianças trazida por outros discursos, uma vez que em ambas o paciente é a pessoa com sofrimento e "problemas sociais".

O aparecimento do social introduz um novo tema que também preocupa as ats entrevistadas, qual seja, a de uma ressocialização graças à criação de redes sociais. Isso aparece, por exemplo, nos discursos em que os pacientes são mostrados como os excluídos:

> [...] alguns pacientes que fossem detectados pela equipe de setor... que tava com um processo complicado... por exemplo... é que fosse detectado alguma *problemática familiar... de rejeição...* ou mesmo paciente que não estaria assim... é... se adaptando... e aí então a gente faria [...] só que foi aparecendo *assim uma carência imensa de criação de redes sociais...* assim estavam *excluídos de qualquer rede social... até da família...* mas além da família eles não tinham nenhum tipo de coisa... *tinham uma vida absolutamente sem sentido* [...] e a equipe discute... detecta casos que estão complicados... foi pra alta... retornou antes... foi outra... retornou antes... está complicado dar alta... então a gente faz o Acompanhamento Terapêutico... (Maria Paula).

O AT é último caso de atendimento para pacientes de último caso também. Clientela, agente e AT estão identificados nesse aspecto.

As redes sociais aparecem no discurso por sua falta, pela necessidade de serem criadas – "uma carência imensa de criação de redes sociais". Aí se configura mais claramente o lugar dos pacientes: são os rejeitados, os excluídos, "excluídos de qualquer rede social... até da família". A exclusão aparece ligada à falta de família, à rejeição da família, à falta de redes sociais, à falta de tudo, pois "eles não tinham nenhum tipo de coisa". É contraposto àquilo que eles não tinham ("nenhum tipo de coisa") aquilo que eles tinham, e que na verdade é outra ausência, "tinham uma vida absolutamente sem sentido". É interessante notar o uso do "absolutamente", que nos dá uma dimensão de grande vazio na vida dos pacientes. Os pacientes do AT, então, são os excluídos, aqueles para quem a vida não tem nenhum sentido, os rejeitados pela família e pela sociedade.

Diante de tudo isso, podemos tomar o discurso de Maria Paula, no qual a at busca uma explicação de por que as pessoas se tornam pacientes de AT:

> [...] porque as pessoas que vêm pro AT não são pessoas que estão vivendo bem... elas vêm pro AT porque estão *vivendo mal*... que *a vida delas está muito ruim*... ou porque tão doentes... ou porque tão vivendo situações muito assim... muito *desagregadoras* então elas tão muito infelizes...

Aqui, o discurso é menos técnico. O uso dos verbos no gerúndio e o do verbo *estar* em vez de *ser*, mostra que os pacientes de AT são percebidos como tais em função das circunstâncias de vida que estão passando, e não por uma condição estática e definitiva; pessoas passando por dificuldades, aqueles que estão "vivendo mal", cuja vida "está muito ruim" naquele momento por uma série questões que podem ser tanto doenças como "situações muito desagregadoras" que as deixam infelizes. Dessa maneira, tanto a doença como a infelicidade podem estar na mira do AT. É o viver bem em oposição ao viver mal que surge nessa fala. Há sempre a presença do advérbio de intensidade *muito* precedendo a qualidade da vida e, dessa forma, dando mais peso à má qualidade descrita. Assim, tudo é *muito*, o que justifica ser paciente de AT.

Vemos, portanto, que os ats estão expostos à clientela igualmente exposta. Porém, até agora, a clientela é inespecífica, pois os discursos indicam que, embora haja referência constante à psiquiatria e aos diagnósticos clínicos, os ats atendem a pessoas nas mais diferentes condições. Sendo assim, o que haverá de comum entre essas pessoas? Sofrimento, deficiência, carência, vulnerabilidade, abandono, desamparo, isto é, termos que se afastam do discurso da ordem psiquiátrica.

A demanda familiar

É interessante notar que a demanda por AT pode se deslocar e o sujeito atendido passa de um indivíduo para a família ou para alguns membros desta.

É assim que a narrativa de Maria Aparecida nos revela esses novos pacientes quando lhe acontece fazer "AT de muitas pessoas no mesmo dia" e isto "no mesmo período do dia".

> [...] eu fui solicitada pela fábrica para atendê-lo... [...] foi uma coisa assim que teve apoio da empresa e tal... [...] ele precisou de internação... [...] então... é... e assim foi num dia de domingo que a família me ligou de manhã... eu tinha atendido ele até no sábado... [...] então assim... *orientei... esclareci a família* de que "olha... tem que ficar atento..." né... porque ele estava frequentemente falando de morte... [...] no começo da segunda-feira eles me ligaram... a mulher me ligou dizendo que ele tinha tentado suicídio e eles tinham encontrado ele com uma corda... [...] e quando ele precisou internar... aí foi uma pessoa d... o técnico de segurança... que trabalhava junto com o RH... assim que... que era uma pessoa que dava apoio ao atendimento... ele foi dirigindo o carro da empresa... [...] porque estava vista a possibilidade de que se ele continuasse a resistir à medicação de ele ter sessões de eletrochoque... [...] para a esposa... ela saiu da consulta chorando e para o técnico de segurança na hora que falou sobre isso ele também ficou chocado e ficou chocado de estar naquele ambiente e deixar o colega de trabalho dele internado... e aí na volta foi aquela tensão no carro... [...] a esposa chorando atrás e *eu do lado assim... né... bom... segurando... controlando a situação...* porque estava todo mundo abalado... de repente o B. para o carro assim no acostamento e começa a vomitar... [...] *fui lá... ajudei...* ele era um homem enorme... forte... e aquele homem vomitando e *eu entendo o que ele estava passando ali...* a esposa lá do paciente chorando... [...] e aí ele ficou muito mal... [...] aí trocamos de posição... eu fui dirigindo o carro [...] porque assim... *nossa eu fui AT de muitas pessoas no mesmo dia...* né... no mesmo período do dia... (Maria Aparecida).

Aqui, a relação com o paciente é mediada pela empresa e/ou pela família. A primeira instituição que a chama é "a fábrica", depois é "a família" ("a família me ligou de manhã").

O paciente é dito, nessa cena, como aquele que "está em situação muito difícil... falando de morte", mas ele não aparece como ator-agente, e sim como ausente e como não pessoa do discurso – é *ele*.[17] Os atores-agentes são a at, a fábrica e a família. Dessa forma, a at, na ação de orientar e esclarecer, dirige-se ao *tu* – a família. A at ocupa lugar de ação e a família é quem ocupa lugar de cliente. De alguma maneira, tanto a família como a empresa passam a ser clientes/pacientes do AT no momento em que a at vai mediar a internação do paciente e passa a atender a mulher do paciente e, depois, o motorista, representante da empresa. Ou seja, o que vemos é uma mudança dos lugares ocupados por cada um dos atores da cena enunciativa, que de agentes vão se tornando pacientes, de maneira que a at, chamada para atender a um paciente, acabou atendendo a "muitas pessoas no mesmo dia... no mesmo período do dia".

A família também surge como cliente no discurso que narra o caso de um paciente que se tranca no quarto. Como ele

> [...] tem muitos momentos em que fica fechado... isso abala toda a família [...] e *eu tenho que fazer todo um trabalho com a família* [...] fico com mãe... [...] ali... fico com ela... ela vai conversando as dificuldades sobre isso... [...] às vezes chega o marido... vai também... começa a falar... (Maria Isabel).

Esse deslizamento ou troca de lugares é explicitado no discurso de uma das entrevistadas:

> [...] Então acho que foi muito significativo pra ele também, quando eu chego lá, que ele tá na casa da família o AT foi se desenvolvendo de uma forma bastante diferenciada da época que ele foi no abrigo porque era uma *demanda que passou a ser familiar*... (Maria Isabel).

A resistência do paciente

Já vimos pacientes ocupando o lugar da violência e da ameaça. Vamos também encontrar nos discursos das entrevistadas os pacientes ocupando um lugar de resistência, como mostra Maria Aparecida:

> [...] esse paciente... ele tinha risco suicida... *resistência à medicaç... medicamentosa*... delírios... alucinação... né... tinha assim um asp... ele era extremamente resistente e hostil à atividade em AT...

---

[17] A gramática ensina que a terceira pessoa verbal é aquele/aquela de quem ou aquilo de que se fala, portanto, o ausente. E a linguística estrutural mostra que eu-tu são as pessoas verbais e ele-ela (ou seja, a terceira pessoa) não são pessoas.

O paciente é descrito como aquele que resiste e é hostil à atividade da at. Ele ocupa um lugar de oposição em relação à medicação e ao trabalho de AT. Dessa maneira, tanto o remédio como o AT ocupam um lugar de opressão e são impostos ao paciente, o que nos remete a outro lugar ocupado por ele nessa relação: o paciente não está de acordo com o que lhe é imposto (medicação, AT), mas sua vontade não é suficiente para retirá-lo desse papel de submissão.

Outra forma de manifestação da resistência aparece no discurso a seguir:

> [...] Tem um também recente de um rapaz... que *se tranca*... que fica trancado no quarto... né... assim... eu estou atendendo ele faz quatro anos [...] mas ele tem muitos momentos em que fica fechado... [...] *a família força a barra*... fica lá... bate na porta "meu filho... você tem que conversar e tal"... [...] e aí eu chego e falo "olha... eu estou aqui... se você quiser... você já sabe... você pode vir... a gente pode conversar... ou a gente pode fazer alguma coisa... tal"... (Maria Antônia).

O discurso mostra a resistência no ato de se trancar. É a voz reflexiva – o rapaz "se tranca" – que, na fala da at, explicita a ação do paciente como um ato em oposição ao dela, uma vez que ela *chega* ("eu chego e falo"). Podemos pensar que o paciente pode ocupar dois lugares a partir dessa resistência, um em relação à at que se coloca num lugar de disponibilidade ("estou aqui... se você quiser"); e outro como resistência à família que, para essa at, "força a barra". Essa expressão indica uma ação de força contrária a outra, ideia que reaparece no discurso como a obrigação imposta pela família ao paciente: "você tem que". Dessa forma, enquanto o paciente ocupa uma posição de resistência simultânea à at e à família, vemos a at ocupar um lugar entre a força da família e o fechamento do paciente, uma vez que ela abre possibilidades para o paciente, pois oferece outro lugar para ele ocupar – "você pode" –, o lugar do desejo e da vontade – "se quiser".

É interessante notar que a passividade define o lugar do paciente seja porque ele é enviado como tal ao AT pelo psiquiatra seja porque a família ou o local de trabalho convocam o at. No entanto, como vimos anteriormente, isso não esgota o lugar do acompanhado, uma vez que vários discursos sugerem que é ele próprio, por sua vida ruim ou por seu sofrimento e abandono, que recorre ao AT. Além disso, como acabamos de ver, o acompanhado tenta infrutiferamente, por meio da resistência, passar da condição de paciente à de agente. É essa oscilação do lugar no qual o paciente se objetiva – psiquiatria, sofrimento, abandono, violência, vulnerabilidade, rebeldia, resistência – o que consideramos até aqui.

A subjetivação do acompanhante no discurso das ats: a magia *benandanti*

Os discursos das ats não definem o AT, mas designam suas características; não definem o profissional da área, mas enunciam seus vários aspectos.

Alguns dos temas que surgem nesses discursos versam sobre a formação específica para AT, a questão da profissionalização, a profissão de origem, o tempo e a disponibilidade, o inusitado e o desconhecido, as dificuldades e facilidades, o corpo, as vivências, as emoções, os seus fazeres.

O lugar do acompanhante na relação com o acompanhado

Vamos iniciar examinando a relação do at com o paciente tendo em vista, neste momento, o lugar ocupado pelo at. Tomemos um trecho de um extrato que já utilizamos para falar dos pacientes:

> [...] só que esse grupo era complicado, porque *tinham* alguns pacientes que *eram usuários de drogas*. Então, tava... tinha... tava, tinha uma certa ameaça; que era um grupo que tinha duas pessoas, nesse grupo, que eram muito violentas... (Maria Cristina).

Parece-nos interessante a retomada dessa fala para pensarmos no at pois aqui podemos destacar o uso dos verbos *estar* e *ter*. A alternância feita por Maria Cristina no uso desses verbos nos mostra uma dúvida quanto à sua utilização, uma vez que o verbo *estar* indica uma significação de coisa passageira, enquanto o *ter* apresenta conotação de algo mais permanente. Assim, a dúvida gira em torno da at ao descrever uma situação na qual sente estar de passagem ou, pelo contrário, é por ela capturada sem possibilidade de fuga. Desse modo, o at nos é apresentado, aqui, como quem tem de suportar o medo de ameaça e de violência, determinado inteiramente pela clientela, sem que fique definida a situação como passageira ou permanente.

Todavia, se nesse discurso vemos uma relação na qual o at ocupa o lugar de medir forças com a clientela ameaçadora, entretanto, nem sempre a clientela é uma ameaça; ela pode, ao contrário, surgir no discurso como a parte fraca e dependente da relação, o paciente como aquele que sofre diante do outro:

> [...] Que *tava sofrendo* na minha frente. Que é muito diferente, outro registro, né? Eu sempre me perguntei, sim... mas quem faz? *Quem é a pessoa que tá aí?...* (Maria Cristina).

Nesse caso, o sofrimento permite levantar a hipótese de que há uma pessoa escondida no paciente – "Quem é a pessoa que tá aí?". A at, diante da sensação de desconforto provocada pela presença do paciente, desvia o olhar para a *pessoa* e seu sofrimento.

Tanto no caso da ameaça quanto no do sofrimento, o que parece estar presente na maioria das vezes é a exposição do at na relação com a clientela.

É assim que também Maria Aparecida nos relata sua relação com um de seus primeiros pacientes:

> [...] era um *paciente* que eu atendia de domingo a domingo... uma hora por dia... ele tinha... ele estava com *transtorno psicótico...* e era assim era o primeiro surto [...] esse paciente... ele tinha *risco suicida... resistência à medicaç... medicamentosa... delírios... alucinação...* né... tinha assim um asp... ele era extremamente resistente e hostil à atividade em AT...

O paciente é descrito aqui como aquele que resiste, põe a at no lugar da pressão, daquela que impõe sua presença. Entretanto, ao se impor dessa maneira, a at fica exposta ao transtorno, ao delírio, à psicose do paciente.

Porém, essa exposição não impede uma outra, isto é, uma exposição em que o at, na relação com o paciente, se oferece como corretor de delírios.

> [...] eu comecei a acompanhar ele dentro do hospital porque pra ele ir ao cabeleireiro pra poder cortar... ele dizia que ia cortar partes do corpo dele... Então eu tinha que acompanhar pra ele poder ter... ahn... ter um pouco de confiança de que o cabeleireiro não ia cortar a cabeça dele fora ou coisa assim [...] Aí ele começou a melhorar... (Maria Paula).

Diante do delírio do paciente, a at ocupa um lugar que inspira confiança na relação. Ela é a garantidora da integridade física do paciente. Dessa maneira, é como se sua presença pudesse trazer o dado de realidade que o delírio tirava ao paciente e, assim, vemos começar a se configurar o lugar de realidade que a at ocupa, ou seja, confiança e realidade podem ser equiparadas nesse momento do discurso.

> [...] ele começou a melhorar então *a gente* deixou sair então... do hospital [...] foi sempre fazendo esse acompanhamento até que um dia *a gente* começou a sair... e aí *a gente*... *eu* conversei com ele e falei "S... o que que *a gente* vai fazer... né?" *Eu* já tinha a proposta... *ele* tinha aceitado a proposta que era estar saindo... vendo alguma coisa que *ele* se interessasse pra fazer depois que *ele* saísse de alta... pra que *ele* não ficasse sozinho... (Maria Paula).

Diante da melhora do paciente, a at se posiciona como parte integrante do hospital, ou seja, representante dessa instituição, o que nos é mostrado pelo uso do "a gente". Assim, é dada ao paciente, pela instituição, uma permissão, o que nos mostra a at em uma posição de domínio ou poder em relação ao paciente. Contudo, o uso do "a gente" vai sendo modificado, denunciando a mudança de posição da at no discurso: ela é deslocada da sua identificação com o hospital para a sua identificação com o paciente – "a gente começou a sair". A indefinição do lugar ocupado, ora mais próximo da instituição, ora mais próximo do paciente, aparece quando, em seguida, ela usa a expressão "a gente" sem que possamos saber a que "gente" ela se está referindo, pois logo antes está referenciada ao paciente, mas logo em seguida a at passa a usar o pronome pessoal "eu", mostrando-nos a possibilidade de ocupação de um terceiro lugar no discurso, isto é, o de uma identificação consigo própria. Vemos, então, a relação do eu/você se estabelecer. O *eu* com o poder de propor, o *você* com a possibilidade de se submeter e aceitar. É o *eu* fazendo para o *você*. A partir de agora, poderemos perceber a discriminação entre o *eu* e o *você*, que aparece na narrativa também como "ele", uma vez que a at relata à entrevistadora algo sobre alguém que, mais adiante, ela enuncia com o "você":

> [...] *Ele* tinha sido fotógrafo... *ele* tinha tido uma história de vida estruturada... então a proposta era começar a sair pra encontrar alguma atividade que o interessasse e despertasse o desejo *dele* novamente que *ele* pudesse exercer alguma atividade criativa no mundo... né... Aí... e... e... [...] sentei com *ele* esperando a condução... que a gente era levado pela condução do hospital... [...] E aí a gente esperando... estava lá fora do serviço... já... E *eu* falei: "E aí... o que *você* vai fazer... *você* decidiu?"... "Ah... eu quero ser arquiteto"... quer dizer... dentro... assim... *eu* fiquei só escutando... *eu* falei: "que que *eu* vou fazer agora? Que que *eu* faço? *Eu* dou um toque de realidade nesse desejo... nesse sonho... ou fico quieta? Né..."... Então *eu* fiquei muito assim... né... "que que *eu* vou fazer com esse desejo

de ser arquiteto?" porque com os dados de realidade que *eu* tinha... *eu* sabia que esse *sonho*... esse desejo teria muito pouca chance de se realizar... (Maria Paula).

A at nos apresenta o paciente no pretérito imperfeito composto: aquele que "tinha sido" e, portanto, não é mais; "tinha tido" e, portanto, não tem mais nem profissão nem história estruturada e, por sua falta de estrutura e identidade, se apresenta como a oportunidade para o trabalho do at, que buscará despertar de novo desejos.

Dessa maneira, Maria Paula, ao conversar com o paciente, indaga--lhe sobre suas decisões, sobre seus desejos – dirige-se a ele como pessoa: *você*. A at escuta e pensa como sair de uma situação conflituosa. Pede que o *você* decida o que quer fazer e, quando ele diz o que decidiu, ela não vê a possibilidade de realizar aquele desejo, que passa a ser chamado de "sonho". O lugar do at é, então, o lugar da realidade e o lugar do paciente, o do sonho e do desejo.

É assim, portanto, que, exposto ao conflito entre sonho e realidade, encontramos o at ocupando o lugar de corretor de desejos e sonhos.

O fazer do at

Quando dizemos que o at ocupa o lugar de corretor estamos falando de um fazer, pois um dos temas que surge no discurso das ats e que caracteriza o at é justamente o seu fazer. Portanto, vamos nos deter um pouco na maneira como esse fazer aparece nos discursos.

> [...] ele me nomeava de *vários jeitos*, em várias fases do atendimento (risos)... é... quando alguém perguntava pra ele, porque *a gente saía bastante pra rua* assim...
>
> Ele me chamava de Maria Fernanda, ele não me chamava de tia nem nada, ele me chamava pelo nome mesmo... é... mas na rua ele me apresentava de diversas formas assim... [...] às vezes eu era amiga, às vezes dizia: "pergunta pra ela!", mas aparecia isso: *amiga, terapeuta, é... psicóloga* acho que ele disse uma vez. [...] acho que ele me via como uma *companheira* mesmo assim, alguém que tava ali pra acompanhar mesmo... (Maria Fernanda).

A indefinição e possível diversidade do trabalho do acompanhante terapêutico surgem no discurso dessa at na forma como diz que o paciente a nomeia. Há "vários jeitos" de ser nomeada que vão desde seu próprio nome, passando por "amiga, terapeuta" e "psicóloga". A indefinição é tal que a pergunta sobre quem ela é não pode ser respondida pelo paciente e ele a joga para a at: "pergunta pra ela". A percepção da relação pela at aparece como uma percepção do paciente sobre o fazer do at. Essa percepção aparece como a compreensão de que o fazer do acompanhante é acompanhar; tanto assim que ele também a nomeia como "companheira", mesmo que não a designe com o termo técnico *acompanhante*. E o que vai ser descrito a seguir é exatamente o companheirismo:

> [...] E aí assim... *eu não interferia*... deixava ele lá... se virar... *o interesse era dele*... então... então... bom, enfim tinha todo esse estranhamento... aí *a gente aproveitou pra olhar as fotos*... que tinha uma exposição de fotografia... então *a gente aproveitou*... foi uma coisa que *a gente recuperou* um pouco da história pessoal dele... quando ele era fotógrafo [...] então *a gente falou bastante* dessa questão da imagem... o que que significava a imagem... sabe... a imagem que ele retratava e tal... e *a gente trabalhou bastante* isso e aí na volta... aí ele foi... ele começou a me contar então... que depois ele continuou nos outros *atend*... nos outros acompanhamentos... (Maria Paula).

O discurso narra uma visita a uma exposição de fotos e esta surge como oportunidade para o resgate do passado do paciente. A at começa afirmando a autonomia do paciente: "*eu não interferia*, o interesse era dele". Esse reconhecimento do paciente como alguém permite que ressurja (como em outras entrevistas) o "a gente". Aqui, o uso do "a gente" indica que, em relação às conquistas de seu trabalho, a at se percebe identificada ao paciente: "a gente aproveitou, a gente recuperou, a gente falou bastante, a gente trabalhou bastante". Estamos diante de uma relação de companheirismo. Tanto é assim que podemos compreender por que, afinal, ela interrompe a palavra *atendimento* ("atend...") e faz uma glosa em sua fala, indicando que esse termo, de certa forma, é vedado nesse contexto de saída do hospital, mostrando que há diferença entre atendimento e acompanhamento.

Se observarmos os verbos empregados, notaremos que Maria Paula, a partir das situações apresentadas, *aproveita, recupera, fala, trabalha, não interfere*.

Isso mostra que acompanhar é sempre um fazer algo, é sempre optar por um fazer, pois mesmo na não interferência há uma opção, a de não interferir. Aliás, não custa lembrar o sentido de acompanhamento na música: dar sustentação ao instrumento principal, à voz principal, à execução principal. É exatamente este o sentido da não interferência de Maria Paula, cujo ponto de partida foi o reconhecimento da autonomia do acompanhado e que "o interesse era dele".

O lugar do at: lugares

Os discursos evidenciam que o at é alguém que faz opções, que toma decisões.

> [...] porque sempre tem muita coisa inesperada... em cada dia de Acompanhamento Terapêutico... e aí você tem que... *do momento você tem que tirar da casaca alguma coisa*... né... ou então ficar ali do lado recebendo aquele inusitado e vendo que que se faz... [...] não saber o que fazer... não sabia se dava dados de realidade ou *se embarcava no desejo*... no sonho pirado do paciente... sabe... *que que eu fazia?* Eu *embarcava no delírio*... não... eu dava... confrontava... quer dizer um monte de conflitos que passavam ali assim, em relação ao meu procedimento... *Que que eu vou fazer agora? Qual que vai ser o melhor pra ele?* Né... então [...] Pra ele, é... se eu desminto esse delírio ou eu embarco nele? Era muito essa dúvida... mas o que que vai ser melhor... será que é melhor eu *embarcar* e largar mão... deixar? Ou não... ou será que o melhor pra ele é eu dar alguns dados de realidade... né... (Maria Paula).

A at faz indagações sobre o que fazer – "que que eu fazia?", "Que que eu vou fazer agora?". Nessa indagação, ela encontra uma resposta ao contrapor o verbo *embarcar* ao verbo *confrontar* – "se eu embarcava no desejo... se eu embarcava no delírio?..não... eu confrontava... dava dados de realidade". Porém, essa resposta, que indica a decisão da at quanto ao seu fazer, não elimina a dúvida sobre ele – "era muito essa dúvida". Mas há um elemento que define o fazer e explica a dúvida: o que será melhor para o paciente? A tomada de decisão depende, portanto, de sua qualidade, isto é, ser a melhor para o paciente.

O at é apresentado ocupando o lugar de mágico ("você tem que tirar da casaca alguma coisa...") em vias de ser abatido por sua complementar plateia: corre o risco de embarcar no desejo do outro. O dilema embarcar--confrontar termina sem resposta, pois a referência ao que é melhor para o paciente também é objeto de dúvida. A figura do mágico metaforiza a dificuldade real, a vulnerabilidade do at, qual seja: a indeterminação de técnicas de AT que orientem o seu fazer e sua tomada de decisão. Isso é explicitamente apresentado no trecho a seguir:

> [...] e o AT... acho que ele trabalha muito dentro dessa possibilidade... quer dizer... ele não tem uma técnica né... então... você vê... você está dentro de um lugar... trabalhando dentro de um consultório...

> ou... ou... então você *utiliza todo aquele arsenal teórico técnico que você adquiriu na sua formação*... profissional... acadêmica ou não... mas você vai utilizar aquela técnica [...] e no AT não é assim... no AT o difícil é isso [...] *será que eu estou fazendo certo?* Será... será que eu estou fazendo alguma coisa? (Maria Paula).

O lugar que o at ocupa é, assim, o da dúvida, da incerteza, do risco, porque essa dúvida e incerteza se referem ao próprio AT – "será que eu estou fazendo certo?". Isso ocorre porque a at está fora do território das certezas: o consultório, onde "você utiliza todo aquele arsenal teórico técnico que você adquiriu na sua formação". Portanto, sua inclusão no exterior, fora das paredes protetoras do consultório, é uma tarefa que precisa de sustentação. Estamos diante de um círculo: a ação do at precisa da sustentação do AT (como um saber ou uma técnica), mas o próprio AT precisa das ações dos ats para se constituir como lugar institucional.

Que ações são essas? Os discursos das entrevistadas descrevem várias ações que constituem o seu fazer: conversar, conhecer o outro, cuidar do outro.

> [...] Então qualquer coisa que *a gente* tentasse *conversar*... porque no princípio foi isso... fomos pro quarto dela e começamos a ter uma *conversa*... né... pra *se conhecer* um pouco. Então o tempo inteiro *ela* achou que *eu* estava *investigando a doença*... né... Nem um momento *ela* achou que *eu* tivesse ali pra *cuidar dela*... inteira... (Maria Cristina).

Em princípio, para essa entrevistada, o conversar é uma ação para ela e o paciente *se conhecerem*. No entanto, o "a gente" do ato de conhecimento recíproco é diluído pelo contraponto constante entre "eu" e "ela". Portanto, quem conhece quem nessa conversa? A separação feita entre as duas figuras surge no discurso quando a at apresenta a posição da paciente em relação à sua presença, ou seja, quando conta que a paciente "achou" que o fazer da at seria um fazer investigativo – "investigando a doença". Pelo uso do verbo no pretérito imperfeito do subjuntivo – "tivesse" – a at nos diz que a paciente não sabe o que é o fazer do AT e nos leva a supor que essa paciente tem ou teve alguma relação com psiquiatras, já que fala em doença e investigação. Ora, como se trata de conversar para se conhecer, a at indica qual é o desconhecimento da paciente com relação a ela – "Nem um momento ela achou que eu tivesse ali pra cuidar dela...

inteira". E, assim, explicita que o fazer no AT é o cuidar por inteiro do outro e que o lugar do at é o de quem cuida.

Outro extrato introduz o fazer no AT como um encontro:

> [...] *Geralmente* o que *a gente* faz... ahn... *eu* posso falar da *minha experiência* porque *as pessoas* fazem *coisas muito variadas* no AT, né... *geralmente eu* saio do lugar onde *eu* estou e *me* dirijo até a casa do paciente... *geralmente* é assim, *me* dirijo até a casa do paciente. Encontro com o paciente, né... e... numa conversa *a gente* vê o que *a gente* vai fazer, né... (Maria Cristina).

Ao falar de seu fazer, Maria Cristina usa o "geralmente", dando a ideia de que vai descrever o que é feito no AT ou pelos ats em geral, de modo que se mostra fazendo parte de um grupo, uma instituição ou um campo discursivo pela utilização do "a gente". Entretanto, logo em seguida, há como que uma retratação dessa posição e o relato parte para uma singularização: surge o "eu" que fala da "minha experiência", separada dos outros, que deixam de ser *a gente* e passam a ser "as pessoas". O "geralmente" se torna particularizado, é o geral da própria entrevistada, de uma experiência que já não pode ser generalizada para membros de um mesmo grupo e, dessa maneira, ela continua a se referir à sua experiência como at utilizando o pronome pessoal "me". Isto se dá até o encontro com o paciente e, então, vemos uma parceria se formar entre at e paciente, o "a gente" volta a aparecer no discurso e ressignifica o "geralmente" que fora particularizado, pois todo AT é um encontro com o paciente, ainda que cada at faça "coisas variadas".

> [...] o que seria legal... seria legal *a gente* ficar em casa conversando... se é legal *a gente* sair... se é lega... *pro paciente*... isso vai ser legal no sentido de naquele momento dá conta de alguma necessidade *do paciente*... Explícita ou não... uma necessidade que *o paciente* se dê conta... e necessidades que as vezes *nós* nos damos conta e precisamos... ajudar... *eles* a caminhar... um tanto... pra poder alcançar... alguma... outra coisa (Maria Cristina).

Contudo, o movimento não para aí, e a at se distancia do paciente, deixando de se referir ao "a gente" e passando a dizer "do paciente". Nesse movimento de distanciamento, vemos a at passar a utilizar a primeira pessoa do plural, o "nós", mostrando novamente uma identificação com um grupo (os outros ats), em oposição ao "eles", utilizado para designar os pacientes, que passam também a constituir um grupo, posto que, da referência a um paciente determinado, ela passa à pluralidade dos pacientes.

O extrato citado fala da conversa com o paciente para que este possa reconhecer uma necessidade e ser ajudado a caminhar num outro rumo. O que significa exatamente *ajudar a caminhar*? Significa que o at ocupa o lugar do saber.

Como vimos, uma paciente não sabia o que era o fazer do at e, agora, um paciente não sabe qual é a necessidade que ele próprio tem. É pela ação do at que a paciente poderá saber o que é o AT, assim como é por essa ação que o paciente poderá se dar conta de sua própria necessidade.

Esse lugar do saber surge nos discursos de outras entrevistadas, mas é interessante acompanharmos a construção desse lugar em um dos discursos que apresenta a at ocupando vários lugares e não apenas o lugar do saber. Já nos referimos a esse discurso ao falarmos do lugar de resistência do paciente, portanto, quando o lugar ocupado pelo at é o da pressão.

> [...] era um paciente que *eu atendia de domingo a domingo*... uma hora por dia... [...] eu fui solicitada *pela fábrica* para atendê-lo... foi um trabalho assim *muito interessante*... porque foi uma experiência de AT *em* empresa... foi uma coisa assim que teve *apoio* da empresa e tal... mas assim ele era... *foi um paciente que eu sonhava com ele todos os dias*... [...] ele era extremamente resistente e hostil à atividade em AT... então quando eu chegava na porta da casa dele... que ele estava lá... às vezes sentado no chão da varanda... ele já era muito ríspido "que que você veio fazer aqui... pode ir embora..." e era um... assim... é... *foi a primeira vez que eu estava atendendo de AT sem grupo...* [...] *eu estava trabalhando de AT sozinha pela primeira vez* com paciente extremamente em risco... né... (Maria Aparecida).

Tomemos a primeira parte dessa narrativa. Aqui, a at qualifica o trabalho como "muito interessante". A justificativa para o emprego do advérbio de intensidade *muito* decorre do fato de seu trabalho ter o apoio da empresa. Apesar da importância dada a essa experiência, surge no discurso um "mas" que introduz uma oposição entre o dito até o momento e uma outra intensidade, aquela com que a at declara se relacionar com o paciente, a ponto de sonhar com ele todos os dias. Não só o fato de sonhar continuamente com ele nos mostra que ela não tem descanso, pausa, interrupção no acompanhamento quando já não está fisicamente com o paciente, mas também o uso de "todos dias" para determinar um tempo interminável em que permanece ligada a ele.

O discurso de Maria Aparecida nos mostra o envolvimento do at com o paciente, e indica um outro lugar ocupado pelo at, o da disponibilidade, posta em evidência, quando a at afirma que fica de "domingo a domingo" com o paciente, ou quando diz: "eu vivia com esse paciente por vinte e quatro horas", pois, como vimos, também sonha com ele. O lugar da disponibilidade faz aparecer um novo aspecto do fazer do at, qual seja, a indeterminação de limites, só que como um tempo corrido, ininterrupto, mesmo quando dormia.

A rejeição do paciente, a falta de grupo de referência ("foi a primeira vez que eu estava atendendo de AT sem grupo"), a solidão ("eu estava trabalhando de AT sozinha"), o risco de ser absorvida dia e noite por seu trabalho são fatores de oposição ao apoio da empresa e ao muito interesse do trabalho. Assim, se há uma pressão feita pela at, que impõe sua presença ao paciente (como vimos ao citar anteriormente um trecho dessa entrevista, quando a at forçava sua presença para o paciente hostil), também há uma pressão sofrida por ela, de maneira que o lugar da pressão pode ser ocupado tanto pelo at como pelo paciente.

Continuemos com a narrativa e vejamos quais os outros lugares ocupados pela at.

> [...] ele precisou de internação... [...] então... é... e assim foi num dia de domingo que a família me ligou de manhã... eu tinha atendido ele até no sábado...[...] então assim... *orientei... esclareci a família* de que "olha... tem que ficar atento..." né... porque ele estava frequentemente falando de morte... [...] no começo da segunda-feira eles me ligaram... a mulher me ligou dizendo que ele tinha tentado suicídio e eles tinham encontrado ele com uma corda... [...] aí eu antecipei o horário... fui até lá... *mas* é assim *eu vivia com esse paciente por vinte e quatro horas*... então esse dia foi muito marcante para mim... porque eu *lidei com* essa coisa da *tentativa de suicídio* bem de perto... assim... né... [...] e quando ele precisou internar... aí foi uma pessoa d... o técnico de segurança... que trabalhava junto com o RH... assim que... que era uma pessoa que dava apoio ao atendimento... ele foi dirigindo o carro da empresa... aí levou o paciente... a esposa e *eu para mediar* a internação... hospital... [...] porque na entrevista... e aí teve um momento que *eu fiz parte* no contato com o médico *junto* com a esposa... (Maria Aparecida).

Quando surgem na narrativa os verbos "orientei, esclareci", estamos perante ações de quem ocupa um lugar de saber, de conhecimento. Entretanto, há um "mas" que surge no discurso e revela uma oposição entre o saber e o viver, ou seja, entre o que é da ordem intelectual e o que é da ordem emocional e por isso "muito marcante". O que torna a experiência marcante é o lidar "bem de perto", isto é, a proximidade com o risco do paciente é o que deixa sua marca na at. O "bem de perto" introduz a noção de diminuição ou mesmo anulação de distância. Essa diminuição reaparece noutro contexto quando, nesse mesmo discurso, a at ocupa o lugar da mediadora – "eu para mediar a internação". O lugar da mediação, na verdade, está presente sempre, pois a at sempre se encontra no meio das relações (at – empresa – paciente, ou at – família – paciente). Esse lugar nos remete aos discursos que, como veremos adiante, falam do AT como *ponte*, ou seja, como algo que encurta distâncias.

Lugar do acolhimento, mas também da pressão, lugar do cuidado e da conversa, lugar do saber, mas também da dúvida e da incerteza, lugar da disponibilidade, mas também do risco da ausência de limites, lugar do reconhecimento da autonomia do outro, mas também do risco de embarcar em seu delírio, lugar da mediação: eis alguns dos lugares postos pelo fazer do at.

Cabe destacar que, seja como for, com as características que for, o AT é sempre reconhecido como tendo efeitos, como produtivo, como eficaz em alguma medida. Isso não se questiona. Ele tem potência, como indica o sentido filosófico do verbo *acompanhar*, que significa que de uma causa ou de uma ação segue, isto é, acompanha necessariamente um efeito.

Riscos e potências

Da mesma maneira que encontramos essa at, como dissemos acima, em risco de ser absorvida por seu trabalho e também já encontramos uma outra que corre o risco de ser absorvida pelo delírio do paciente, agora, deparamos com uma at que se apresenta correndo riscos quanto a sua integridade física:

> [...] então muitas vezes eu saio com ela pra resolver coisas dela... então assim... eu vou... *tem que* atravessar com ela a rua... *eu tenho que dar o bra...* ela me dá *o braço... porque ela anda devagar... ela tem dificuldade de andar... e os carros na rua você sabe como... você está na faixa de segurança... mas... é aquela coisa... o carro está vindo em velocidade... então eu fico muda... porque diferente de você estar andando sozinha... você vê o carro... você acelera o passo... você está ali com uma pessoa... você está ouvindo o que ela está falando... porque muitas vezes ela atravessa a rua falando alguma coisa dela... e eu estou ali, né... cuidando para dar um apoio e apressar um pouco o passo...* porque o carro está vindo... e... ao mesmo

> tempo... você está escutando o que ela está falando, né... *quando dá a oportunidade*... muitas vezes assim... na hora que ela... a gente... "agora vamos descer aqui?"..."vamos"... vamos descer a calçada... e tal... e falei assim: "agora vamos rezar pra esses carros não atropelar a gente"... aí ela morre de dar risada... (Maria Antônia).

O discurso nos apresenta a exposição de ambas, at e paciente, aos riscos reais, materiais. E a at sente-se *grudada* na paciente *distraída* dos perigos que correm. Num primeiro momento, o que notamos é a at numa obrigatoriedade de ações: "tem que". Contudo, quando interrompe a palavra *braço*, mostra que a ação não parte dela, sua obrigatoriedade não está em ir, em oferecer o braço, e por isso, em seguida, faz uma retratação do que dizia, mostrando que a ação parte da paciente. Portanto, a at é colocada no lugar passivo de suporte. Prossegue com uma narrativa que nos vai tirando o fôlego, criando imagens que contrapõem a aceleração dos carros com a lentidão da paciente e que, mantendo a at no lugar da passividade e da impotência, faz com que só lhe reste rezar!

O sentimento de impotência e passividade das ats aparece em vários discursos e de várias maneiras. Uma delas surge no caso apresentado no discurso de Maria Antônia:

> [...] então vamos... vamos aí... e ele tinha demorado de sair do quarto... mas ele saiu depois de quase uma hora que eu estava lá... tinha mais uma hora e meia... (Maria Antônia).

A at se apresenta como alguém que é deixada em espera, em estado de passividade.

No entanto, não são apenas riscos e impotência que marcam o trabalho do at, como podemos ver na fala de Maria Dolores, que se apresenta num acompanhamento no qual seu papel é muito ativo:

> [...] nesse combinado de que *eu ia tá ali e de que era um espaço dele* e de que era importante ele bancar e de fazer as coisas junto mesmo, *de ser parceira, de poder ir com ele sujar o pé na fazenda, de poder ir com ele jogar bola...* [...] Então tem essa questão do dia a dia deles, do cotidiano, da situação, história de vida, que eu acho que facilitava muito receber alguém que tava ali pra ouvir, pra ficar junto, pra oferecer afeto (Maria Dolores).

Essa at se coloca inicialmente como passiva – "eu ia tá ali e de que era um espaço dele... de ser parceira, de poder ir com ele sujar o pé na fazenda, de poder ir com ele jogar bola..." –, porém, logo a seguir, essa passividade se revela como realmente sendo atividade, pois "facilitava muito receber alguém que tava ali pra ouvir, pra ficar junto, pra oferecer afeto".

Maria Dolores prossegue e percebemos que a atividade dela é que produz a do paciente:

> [...] e aí *a gente fazia várias atividades assim... é... a gente jogava alguns jogos*, em alguns momentos juntos com as outras pessoas da casa pra *pensar nas possibilidades de estar junto com essas pessoas da casa de outro jeito*. Às vezes *a gente tomava café na mesa com as pessoas da casa...* é... por conta de *pensar as regras da casa*, como era respeitar as regras do pão, do leite, de tudo e conviver com os irmãos e as outras pessoas da casa. Às vezes *a gente jogava muito video game,* que era uma coisa que ele gostava muito de fazer e que era interessante porque... é... ele mostrava várias coisas ali no jogo de *video game*. Ele não me deixava... é... ele queria que eu jogasse, depois não me deixava mais jogar porque ele queria jogar... é... era bem legal, *a gente jogava muito futebol*, bastante. No futebol foi que eu virei meio *brother* dele (risos)... assim porque meu, eu era uma pessoa que jogava futebol com ele. "Quem é esse terapeuta que joga futebol?" (risos) Entendeu? "Que vai de tênis e joga futebol e dá rasteira!" E daí acho que era importante assim essa *aproximação pela brincadeira bem de igual pra igual* assim... pensando que *eu era alguém que tava ali do lado* que podia jogar futebol e *também podia falar das coisas difíceis*. A gente também *fazia algumas atividade de pintura*, às vezes, ele fez um quadro bem bonito. Então a gente *às vezes desenhava*, teve uns desenhos bem significativos que ele fez de família, de futuro, de... *a partir dos desenhos a gente conversava* bastante das questões da família e a gente *fez alguns passeios também, algumas saídas*, porque sempre que ele fugia... a maioria das vezes que ele fugia ele ia pruma fazenda ali perto, então ele me convidava pra ir nessa fazenda com ele. (pausa) Ele me chamava pra essa fazenda, lá a gente via os porcos, pisava em merda de porco (risos), corria dos cachorros, era mega a vida da fazenda mesmo assim... e aí no dia que ele queria me convidar pra ir na fazenda, ele falava: "olha, semana que vem você vem com a roupa de fazenda" (risos). *Aí eu tinha que ir com a roupa da fazenda...* [...] E daí tinha isso, essa época de *ir pra essa fazenda, entender por que ele gostava* dessa fazenda... [...] Daí ele se sentia muito bem ali, então tinha essas saídas ali com ele. Aí *teve umas outras saídas* pra cidade, pro centro, *pra procurar* uns esportes, *umas coisas que ele queria fazer*, teve umas saídas pra pegar rabeira de

caminhão (risos), saída pra subir em árvore... é... *e dentro do abrigo também a gente ficava bastante na área externa da casa... é... explorando bastante o espaço* assim... conhecendo de outro jeito aquele espaço que ele habitava assim... [...] Mas tinha essas atividades assim de ficar em casa desenhando, jogando e essas outras de futebol, de sair, da fazenda. E as conversas se davam assim, nas pausas do futebol que a gente falava de algumas coisas que tavam difíceis nesses momentos mais em casa... é... ou no caminho até os lugares que a gente ia passear. Aí se davam mais *essas conversas de falar mais do sofrimento* um pouco (Maria Dolores).

Embora seja evidente que a atividade parte da at, o que também aparece é a narrativa do papel dessa atividade para criar a do paciente, e por esse motivo a atividade surge como o "fazer junto" e o "estar junto", tornando claro por que reaparece o "a gente" como sujeito, de "igual para igual". A at e o paciente ficam próximos por meio das brincadeiras – "No futebol foi que eu virei meio *brother* dele". Mas não apenas isso, pois ela é ainda alguém que está "ali ao lado", com quem se pode falar das "coisas que tavam difíceis", ter "conversas de falar mais do sofrimento". Além disso, a atividade de sair está ligada à procura do que o paciente gosta e quer fazer, ou seja, ao desejo do paciente; e o ficar no abrigo liga-se à exploração e ao conhecimento do espaço pelo paciente. Há ação comprometida e prazerosa. Existe um contrato – "nesse combinado" –, constituído de um ou dois pontos que, embora não estejam explicitados, parecem girar em torno de compromissos mútuos, de confiança, brincadeiras sérias que envolvem prazer e conversas nos intervalos de tudo isso.

Essas atividades da at, no discurso acima, surgem bastante planejadas e, por essa razão, é interessante contrapô-lo a um outro no qual a at se apresenta como a que lida com o inesperado ou com o inusitado. É um extrato em parte já conhecido do leitor, mas que nos servirá para mostrar outro aspecto pelo qual a at se apresenta e, com isso, veremos ser introduzido o tema das dificuldades enfrentadas pelas ats em suas lidas.

As dificuldades

Um fato digno de nota é que, com exceção de uma das ats, todas as outras, ao serem solicitadas a contar um dia de AT, contaram um dia considerado difícil por elas. O tema da dificuldade assemelha-se ao do lugar, isto é, assim como o lugar são lugares, assim também a dificuldade são dificuldades.

O discurso a seguir apresenta a experiência pela referência dos sentidos, sentimentos e afetos, numa linha tênue que separa a at da loucura do paciente:

> [...] *difícil eu acho que quase todos os Acompanhamentos Terapêuticos* são... porque *sempre tem muita coisa inesperada*... em cada dia de Acompanhamento Terapêutico... e aí você tem que... do momento você tem que *tirar da casaca alguma coisa*... né... ou então ficar ali do lado recebendo aquele inusitado e vendo que que se faz... então... assim... é sempre muito difícil... eu acho uma *atividade difícil... não é uma coisa fácil*... mas esse dia assim *mexeu muito com meu afeto*... tanto porque que eu me senti em filme... eu me senti muito numa... como, como se eu estivesse dentro de uma *dimensão surreal* assim... então mexeu comigo em várias coisas... sabe... e até de ser isso mesmo sabe?... é... não saber o que fazer... não sabia se dava dados de realidade ou se embarcava no desejo... no *sonho pirado do paciente*... sabe... que que eu fazia? [...] quer dizer *um monte de conflitos* que passavam ali assim, em relação ao meu procedimento... Que que eu vou fazer agora? Qual que vai ser o melhor pra ele?... (Maria Paula).

A dificuldade – o "difícil" de "quase todos Acompanhamentos Terapêuticos" –, numa primeira aproximação, aparece como decorrência (como já vimos ao comentar anteriormente esse trecho da entrevista) do não saber, do inesperado, do inusitado nas situações, das dúvidas quanto aos procedimentos, dos conflitos quanto a posicionar-se frente ao desejo do outro, ao "sonho pirado do paciente". Por isso Maria Paula diz que essa é uma "atividade difícil". A entrevistada traz à cena a dificuldade de *ser at*.

Ser at, em seu discurso, é receber o inesperado e agir de alguma maneira – "tirar alguma coisa da casaca" – ou ficar na passividade, sem saber o que fazer. A dificuldade, porém, não está apenas na ausência de um saber que determinaria com certeza o que fazer, mas também se aloja nos afetos: "não é uma coisa fácil... assim mexeu muito com meu afeto [...] um monte de conflitos". A dimensão afetiva da dificuldade surge como "dimensão surreal": depois de, no começo, invocar a cartola do mágico, a at diz que se sentia num filme, equiparando-se ao seu paciente delirante, indissociada dele e dissociada de si mesma (via-se noutro lugar, isto é, num filme, numa ficção).

Uma outra dificuldade está situada nos obstáculos para estabelecer uma relação em que o paciente acolha o at e se sinta acolhido por ele.

> [...] e foi um AT difícil, este dia, foi um dia difícil não só por ser o primeiro, mas porque... *ela tava muito na defensiva, ela tava muito*

preocupada em me falar quais eram os sintomas e como ela poderia melhorar, né?... [...] e eu digo que a dificuldade ela veio neste dia porque qualquer coisa que *nós* pudéssemos conversar *ela* se sentia investigada... né... Então qualquer coisa que *a gente* tentasse conversar... [...] Então o tempo inteiro ela achou que eu estava investigando a doença... né... *Nem um momento ela achou que eu tivesse ali pra cuidar dela... inteira, ela achou que eu tava ali só pra cuidar dos sintomas dela...* Então... este dia foi um dia bastante difícil, por quê? Por essa defesa, porque ela não queria, ela não me propunha nada, né? [...] Né, essa é uma experiência de AT quando você se dá conta, que você se depara com *alguém, que já se colocou no mundo como um conjunto de sintomas,* né... Eu acho muito difícil. Quando você chega diante de alguém, que a pessoa não consegue mais se reconhecer, ela só reconhece ahn... o sintoma nosológico... (Maria Cristina).

Maria Cristina formula a dificuldade posta por uma paciente que está "muito na defensiva". A resistência da paciente aparece de maneira muito peculiar: a paciente quer ser agente, quer agir, pois estava "muito preocupada em me falar quais eram os sintomas e como ela poderia melhorar", e ao mesmo tempo se coloca como paciente ou passiva, pois, considera doente, "alguém, que já se colocou no mundo como um conjunto de sintomas". Essa indeterminação do lugar da paciente traz a verdadeira dificuldade, isto é, a paciente vai estabelecendo com a at uma relação que não corresponde à relação que esta considera necessário estabelecer, isto é, "Nem um momento ela achou que eu tivesse ali pra cuidar dela... inteira, ela achou que eu tava ali só pra cuidar dos sintomas dela". A dificuldade é o desencontro do encontro: a paciente se vê como um todo (um conjunto de sintomas), mas esse todo é fragmentado (múltiplos sintomas), e ela não pode se relacionar com o fazer da at porque este não está voltado para fragmentos, mas para a pessoa integral da paciente. Com isso, a paciente quer a proximidade porque quer que o sintoma seja cuidado, mas isto põe a distância porque o cuidado não pode ser fragmentado – à fragmentação do discurso supostamente "psiquiátrico" da paciente (que pretende ocupar o lugar do saber, visto que enuncia seus sintomas), a at contrapõe um fazer totalizador, referido ao ser inteiro da paciente, e não a alguns sintomas (cuja realidade e verdade, aliás, não são mencionadas pela at, pois sua preocupação é outra). Por isso a at se percebe ocupando um lugar de imobilidade e de impossibilidade, mas que não é apenas seu, e sim também da paciente, "porque ela não queria, ela não me propunha nada". Assim, a paciente "não queria, não propunha, não se reconhecia" e a at "se depara" com isso. Essa dupla imobilidade é, na verdade, descrita como um jogo de forças que paralisava a at como se a capturasse numa teia de aranha.

A dificuldade como jogo de forças ou de poder reaparece na entrevista de Maria Isabel.

> [...] acho que o que mais foi difícil desse processo foi o fato do *abrigo ter dificultado meu contato anterior com a família* que seria um, de certa forma como eu já acompanhava o X... teria sido muito mais fácil se eu tivesse conhecido a Y... antes, soubesse como que tava a situação familiar, o que que eles necessitariam saber, orientação... Acho *que isso foi o mais difícil no processo do acompanhamento*, mas com a criança e com a família não *porque tava todo mundo disposto a formar uma família, a ser uma família* até pelas histórias de vida. [...] Bom, eu não diria que é fácil porque, se a gente chegar nos ATs e achar que é fácil, a gente vai dar com *a cara na porta*, mas eu acho que foi uma experiência que durante o seu processo teve suas situações de dificuldade, mas como era uma família muito que queria muito uma coisa que todos estavam disponíveis a isso terminou facilitando... [...] mas eu não diria que foi fácil, fácil não foi, teve vários obstáculos a se enfrentar... acho que o papel do at não é um papel fácil... a gente vivencia sentimentos, a gente vivencia emoções... é... que *eles vivenciam, então a gente sente o que eles sentem também*, mas como *a família estava bastante empenhada foi um processo que facilitou pra que tudo isso acontecesse* (Maria Isabel).

Nesse discurso, há um intermediário da relação at-família/paciente que é identificado pela at como o gerador de dificuldade – o abrigo. A relação entre esse intermediário e a at aparece como um jogo de poder que não permite que ela tenha acesso a certos conhecimentos facilitadores da sua futura relação com a família – "que isso foi o mais difícil no processo do acompanhamento". A at aparece ocupando o lugar do mais fraco nessa relação. Já em relação à família, porém, a at se posiciona como aquela que possui um conhecimento que a habilita a orientar o paciente/família porque "todo mundo [estava] disposto a formar uma família, a ser uma família". Em outras palavras, todos estavam dispostos a aceitar um AT.

O que surge no discurso, portanto, é a disposição do paciente como o fator facilitador de um trabalho – "a família estava bastante empenhada foi um processo que facilitou pra que tudo isso acontecesse". Isso, entretanto, não exclui o fato de que o trabalho de AT seja, em essência, sentido como difícil e que deva ser percebido dessa forma, para que não se dê "com a cara na porta". A dificuldade do trabalho surge, portanto, como premissa do papel do at.

O que esse discurso nos mostra também é a indeterminação, seja pelo uso do verbo no condicional "diria", seja pela não especificação dos *vários obstáculos, sentimentos, emoções*. Além da indeterminação, há indiferenciação do sujeito da ação, da sensação, da emoção, pelo uso do pronome indeterminado *se* e pelos *a gente* e *eles* que não são em momento nenhum identificados.

Maria Isabel se apresenta de forma indeterminada quando generaliza o at como um *papel*. Aquele que assume esse papel é referido pelo uso do *a gente*. Esse *papel* enfrenta uma nova dificuldade, exatamente oposta à dificuldade inicial. Ou seja, no início do relato, a dificuldade vinha do exterior – o abrigo –, mas agora ela vem do interior, daquilo mesmo que facilitava a ação da at – "todos estavam dispostos"; a dificuldade, para a qual parece não haver escapatória, é a vivência de sentimentos e emoções compartilhados entre pacientes e at – "eles vivenciam, então a gente sente o que eles sentem também". Dessa maneira, o lugar ocupado pela at é de indiscriminação em relação ao paciente.

Assim como a família pode ser percebida como elemento facilitador, também pode ser o elemento portador da dificuldade.

> [...] ela me vê ali como alguém que vai fazer a filha dela voltar pra escola e essa questão é uma questão muito secundária e ela não consegue perceber isso. [...] e aí eu acho que o mais difícil tá que, por ela não conseguir perceber que mesmo a gente pontuando, falando... fica difícil porque *ela vê o at só como se fosse um salvador da pátria, um salvador do mundo, esse tá um pouco mais difícil por conta disso* (Maria Teresa).

A dificuldade se estabelece na relação da at com a mãe da paciente, que a coloca como salvadora – "ela vê o at só como se fosse um salvador da pátria, um salvador do mundo, esse [AT] tá um pouco mais difícil por conta disso".

Mais uma vez, encontramos uma at que mostra querer ocupar na relação um lugar diferente do que vê lhe ser atribuído. Tanto em um caso como no outro, esse é um lugar de saber que a at não assume para si. No extrato anterior era um saber sobre a doença e os sintomas que, segundo a paciente, permitiriam a at cuidar da paciente, ou seja, cuidar de seus sintomas. No caso presente também é um sintoma que é apresentado, a recusa da filha em ir à escola, e essa at, como a outra, coloca-se em uma postura de discordância em relação ao que lhe é solicitado fazer. É essa falta de concordância entre as partes da relação que as ats apresentam como difícil para sua atividade.

Há uma entrevistada que caracteriza seu fazer ativo, sua atitude não passiva empregando a expressão *foco de atenção* como um determinante da relação que a at estabelece com o paciente:

> [...] às vezes eu saio... sentindo... fuu... nossa... *exausta do esforço* que é feito ali... pra eu ficar olhando todas aquelas situações... [...] se eu estou com o paciente dentro do carro... [...] é... eu já percebi assim... muda o ambiente do carro... sabe assim... muda o meu jeito de estar no carro... [...] parece que existe algo que circula invisível ali... que circula a relação e que muda... aí eu saio daquele contato com o paciente... acabou... é como se assim... fechei a clínica... estou saindo... o que que muda *é o foco da minha atenção*... porque... é... eu estou ali no objetivo dirigindo o carro com o paciente... mas o foco é a direção que eu estou tomando é a direção que é voltada para ele... [...] então assim... toda a rua tem um significado diferente naquela hora assim... [...] é... você participar de transgressões no trânsito... por exemplo... às vezes é *objeto de trabalho ali na hora...* [...] então assim... são essas *situações cotidianas...* assim no AT que é *muito interessante...* assim... que dá esse aspecto de... de que... *aos olhos de quem está de fora...* assim... nossa... que trabalho que é esse, né? Você está aqui com a pessoa... *você está fazendo o quê... né?... Estou trabalhando...* porque já aconteceu situação assim... de eu estar com o paciente num *shopping...* assim por exemplo... pessoas me viram... cumprimentei a pessoa "olá... como vai... tal"... mas de uma forma não assim esp... como se eu estivesse sozinha... né... sem estar com o paciente lá... e aí vou e depois encontrar a pessoa e fala assim..." nossa... você estava tão séria aquele dia e tal... né... e era seu amigo... aquele dia?"... "Não... era meu paciente e *eu estava trabalhando*"... "trabalhando... é? mas o que que é isso... que *você está trabalhando?*"... [...] *aí as pessoas fazem piadinha...* "ai... *mas esse trabalho é muito bom...* né? vai passear no *shopping...* vai não sei o quê... vai sair pra rua... isso é muito bom... e quer dizer que e se o paciente quiser ir na festa... você vai?"... (Maria Aparecida).

O discurso mostra que sua atividade é um trabalho – "Estou trabalhando" – e que este exige algo muito preciso, "o foco da minha atenção". Com essa expressão, ela caracteriza, de um lado, o que muda quando passa do consultório para o AT e, de outro, a exaustão do trabalho como at. No entanto, seja no consultório, seja no AT, ela apresenta o *foco de atenção* como aquilo que determina a relação dela com o paciente, fazendo com que tudo o que se passa entre eles e à volta deles tenha significado de objeto de trabalho *in loco*, "objeto de trabalho ali na hora". Dessa maneira, a atenção focada surge como "esforço" e este a deixa "exausta".

A entrevistada também diz que o que faz o AT "muito interessante" são as "situações cotidianas". Essas mesmas situações é que fazem com que os que estão de fora – "aos olhos de quem está de fora" – questionem a ideia de que o AT seja um trabalho. Ou seja, o cotidiano aparece no discurso como objeto de interesse para a entrevistada e como objeto de estranheza para os outros quanto ao trabalho realizado por ela – "trabalhando... é? mas o que que é isso... que você está trabalhando? [...] aí as pessoas fazem piadinha... ai... mas esse trabalho é muito bom..." Essa estranheza surge como algo que coloca a at num lugar de incompreensão. A entrevistada se apresenta posta num lugar ridicularizado, menosprezado; se vê em posição de ter de justificar seu trabalho, o que faz, por que faz. O trabalho exaustivo, a atenção focada e todas as dificuldades que aparecem nos discursos das ats parecem não ser evidentes para quem *está de fora*, e o trabalho realizado parece não ser compreendido nem levado a sério por essas pessoas *de fora* como é mostrado pela piadinha referida pala at quando lhe dizem que "esse trabalho é muito bom".

O AT enfrenta, assim, o preconceito da imagem social do trabalho como obrigação rotineira cotidiana, regrado de fora e com resultados supostamente palpáveis. É isto, por exemplo, que leva a considerar que o trabalho mental não é trabalho. Ora, o trabalho da at é um esforço psíquico exaustivo que, entretanto, no caso mencionado, ocorre em espaços que se costuma identificar com a distração e o lazer. Além disso, o trabalho de AT é um trabalho sobre o invisível, isto é, o sofrimento psíquico, os sentimentos, os afetos e, portanto, aparentemente sem objeto visível, sem rotina predeterminada e sem resultados palpáveis. Por conseguinte, só pode ser uma atividade inútil, um descanso, algo fácil.

As facilidades

Um belo contraponto ao que vimos acerca do trabalho de AT é, novamente, a referência a um espaço de lazer que opera como facilitador do fazer da at porque, ao se remeterem a um dia fácil em contraposição às dificuldades da atividade, as ats sempre se referem ao impalpável, isto é, aos sentimentos:

> [...] um dia fácil... [...] é um dia assim... foi um dia que... [...] e foi um dia que eu acompanhei essa menina pra... ahn... numa sorveteria... né... e aí *a gente* se divertiu... *a gente* tomou sorvete... então ela estava assim... e ela contando as coisas de adolescente dela [...] *a gente* riu bastante... então *acho* que esse foi um dia fácil... (Maria Paula).

Maria Paula apresenta como um dia fácil aquele no qual ela se mostra em parceria com a paciente – "a gente", empregado para se referir a coisas que as duas fizeram juntas, coisas prazerosas, para ambas. Vivem situações ordinárias repetindo papéis bastante semelhantes aos que lhes caberia numa relação amistosa entre uma mulher e uma adolescente, diferente, portanto, da cena esperada do AT.

É também a parceria que surge no relato de Maria Cristina sobre o dia fácil:

> [...] O dia que *eu* e *uma* paciente encontr, *nos* encontramos, ahn... diante de... gostos literários muito parecidos. Esse foi um dia fácil. Por que que ele foi fácil? Porque... através de textos lidos *junto*, nós podemos *nos* reconhecer mais e *nos* encontrar mais. Esse foi um dia fácil. *Quer dizer*, na verdade não é que ele é "fácil", acho que não é essa a palavra talvez, "fácil", mas eu acho que é um... um AT ahn... *menos angustiante*... Porque *a gente* fica angustiado. Por exemplo, eu acho que *eu* fico angustiada, principalmente quando *tem um sofrimento* muito grande e que... num sei, tem que ter muita paciência, principalmente *a gente*, porque o paciente já tem... dentro das limitações dele já tem, né... mas *a gente* tem muita *paciência* pra dar conta da *nossa... intranquilidade, da nossa impotência... em ajudar alguém que está sofrendo*, como ele... (Maria Cristina).

Esse discurso apresenta um *nós*, a at e a paciente que estão *juntas*. Esse *nós* – o "a gente" repetido várias vezes – é o que aparece no discurso como elemento facilitador do trabalho da at. Esta nos mostra que é a relação com a paciente, a maneira de acontecer dessa relação que é o elemento facilitador, pois assim elas ocupam um lugar de igualdade na relação, um companheirismo (núcleo do acompanhamento), que exclui um jogo de forças no qual uma busca dominar ou resistir à outra.

Contudo, surge no discurso um "quer dizer" que nos conduz a outra direção. O fato de haver uma identificação entre at e paciente pode levar a um dia no qual o sentimento da at seja "menos angustiante". Ou seja, para esta at, há uma presença continua de angústia para quem realiza esse trabalho, uma vez que, em seu discurso, é enunciado um sofrimento sem sujeito – "tem um sofrimento" –, mas quem o tem? Dessa forma, o sofrimento, que paira no ar, atinge paciente e at. Mas é também esse sofrimento que separa aquelas que estavam juntas (at e paciente) e conduzem a at a uma outra junção: agora ela aparece junto de seus pares e "a gente" é, agora, algo diferenciado do paciente. A junção entre at e paciente pelo sofrimento precisa ser substituída pela disjunção, operada pela junção da at com os outros ats, porque é isso que permite a "paciência" para poder lidar com outra coisa que é "nossa", ou seja, da at e de seus pares: a "intranquilidade" e a "impotência" para "ajudar alguém que está sofrendo".

É interessante notar que nessa outra entrevista o discurso nos mostra o AT como *gratificante* e não propriamente fácil.

> [...] vamos dizer... *fácil de AT*... acho que com esse paciente que eu te falei do rapaz que fica trancado no quarto... teve alguns momentos que... assim... olhando pra situação dele... vamos dizer assim... que foi surpreendente primeiramente pra mim... por conta desse processo dele de resistência... mas que foi algo *não sei se fácil... mas acho que gratificante*... porque ele propôs uma atividade que eu nunca imaginava que ele... na condição dele e no jeito que ele se mantinha hostil, ele pudesse solicitar aquele tipo de coisa... que foi ir no... no clube... [...] então ele entrou lá... entrou lá e foi um dia que ele falou de planos da vida dele... de coisas assim... [...] porque assim... eu senti que... tudo aquilo que estava acontecendo estava representado naquele momento ali... né... ele estava abrindo um brecha da confiança dele... assim, sabe... *eu me senti gratificada*... nossa... ele está confiando em mim... [...] *mas eu não sei dizer se tem atendimento fácil*... [...] não vejo fácil... [...] Porque a gente é convidado a estar muito tomando conta de si... do outro... do que está acontecendo... das interferências... de todo esse contexto... né... [...] então, assim... *eu lido com a complexidade*... né... fácil... fácil... acho complicado dizer coisa fácil... porque o fácil te põe num lugar assim de que... ah... você se relaxa um pouco, né, de... [...] mas *acho delicado falar de facilidade... pra mim parece banal falar que é fácil*... (Maria Antônia).

Maria Antônia se apresenta em um lugar de quem foi surpreendida, ou seja, pega de surpresa, mas uma surpresa boa, nomeada por ela de "gratificante". Essa surpresa que gratifica é o lugar em que o paciente a coloca. Ele, ao ser mostrado como saindo do lugar de resistência, é visto pela at como a colocando num lugar de confiança. Dessa maneira, com essa at, assim como com outra referida anteriormente, encontramos os lugares de confiança e confidência como lugares percebidos pelas ats como zonas de conforto, a partir dos quais falam de dias fáceis de acompanhante.

Entretanto, surge também nesse discurso um *mas* – "mas eu não sei dizer se tem atendimento fácil" – e o discurso sobre o dia fácil, identificado como vimos com a gratificação e a confiança, não pode mais ser nomeado em termos de facilidade, mas é acrescido de outro elemento, a complexidade – "eu lido com a complexidade". Esse termo faz surgir a impossibilidade de relaxamento. Desse modo, a at se sente como a que não pode relaxar no trabalho e, dessa maneira, torna impossível nomear um dia como fácil, pois corre o risco de banalizá-lo – "pra mim parece banal falar que é fácil".

Contudo, podem existir facilitadores:

> [...] então eu *acho* que essa questão do *vínculo*, do *afeto, acho que foi despontando nas duas partes. Acho* que foi o que facilitou o Acompanhamento, *tanto que* quando eu chego na casa da irmã, *ele já chega falando: "ah, ela é minha acompanhante terapeuta"*, era assim que ele me chamava, acompanhante terapeuta... (Maria Isabel).

Maria Isabel aparece nesse enunciado nomeada pelo paciente, ou seja, reconhecida por ele em seu fazer – "ele já chega falando... é minha acompanhante terapeuta". Esta é a certeza que aparece nesse extrato recheado de incertezas que nos são indicadas pelo uso de "eu acho", ao qual, porém, ela procura imprimir certeza ao dar uma forma demonstrativa ao que acha, dizendo "tanto que". A certeza se refere ao que ocorre na relação enquanto "vínculo" e "afeto", que "foi despontando nas duas partes". O investimento afetivo da at e do paciente é, assim, facilitador do Acompanhamento Terapêutico.

O lugar do corpo no Acompanhamento

O que veremos também é que as ats, em seus discursos, apresentam o corpo como, muitas vezes, facilitador e sempre como mediador da relação com o paciente.

> [...] Só que você imagina que lá tem gente que tem problema, desses nossos que estavam comigo que tem *problemas físicos, cegos*, ahn... outros *mal caminhavam*, né? Assim, não só problema físico, ahn... *problemas nas pernas mesmo*, né... de... de... de ter meia perna só, né? Ahn... assim, problemas muito graves, né? [...] Só que era muito difícil porque tinha que fazer *muita força*, por exemplo, tinha uma

> *pessoa cega* junto comigo, *uma pessoa sem meia perna*, e ela *não tinha a menor noção de onde ela estava e ela se jogava mesmo*, né? (Maria Cristina).

A at traz para a cena os corpos dos pacientes com diversos tipos de problemas físicos que devem ser amparados por ela. Para esse amparo, ela traz à cena seu próprio corpo na relação com os dos pacientes, relação de esforço físico, que transparece na afirmação de que precisa fazer "muita força". Não só isto. No caso narrado, trata-se de uma paciente que, cega, "não tinha a menor noção de onde ela estava". Esse corpo deficiente desencadeia uma ação – "ela se jogava" – que exige a intervenção do corpo da at.

Quando os corpos não se lançam, aparecem no discurso fusionados ao corpo do at:

> [...] agora dentro do Acompanhamento Terapêutico... na ação direta ali... *no vínculo* [...] dessa questão do fazer até [...] a questão do cuidado... do *holding*... da sustentação... sabe... que... vamos dizer... é muito parecido no Acompanhamento Terapêutico... quando você dá aquela *sustentação quase que integral*... né... que ao primeiro momento é como se você até realmente tivesse uma fusão de corpos... né... como se o paciente até... te identifica até mesmo como... como uma *mãe suficientemente boa*... sabe... que você é criação dele... e você deixa ele usar você como isso pra poder pouco a pouco ir da... ir possibilitando a independência dele, né... a autonomia... que ele vai separando... (Maria Paula).

Essa narrativa traz para a cena o corpo do at no AT numa *fusão de corpos*, de maneira que o at não se diferencia corporalmente do paciente, ele se funde, mistura-se com o dele – é o "vínculo". Mais uma vez, a indiferenciação at/paciente surge no discurso e agora vem justificada pela teoria (o *holding*). Assim, a indicação que a at oferece de uma "sustentação quase integral" traz o *quase* para diminuir a força *do integral*, porém, mesmo assim, o at deixa de existir como sujeito diferenciado, posto que serve de sustentação quase total para um outro, está fusionado com outro corpo. Mais do que isso, seu corpo se torna uma criação feita pelo outro para ser usado por este – a "mãe suficientemente boa".

Essa presença do corpo é uma constante nos discursos das ats:

> [...] principalmente *no manejo do corpo*, né?... do corpo do analista ou do at, né, do que outra coisa. *A gente se permite mais emprestar o nosso corpo físico ao paciente de AT... né? Porque para o paciente da clínica a gente empresta o nosso corpo, mas de um outro jeito... acho que seria desse jeito menos físico*, né? Seria, ahn, ahn, poder significar

algumas experiências através do nosso corpo, através da transferência, da contratransferência, enfim, né? E que... no AT você empresta o corpo físico sim, porque, se tiver fazendo falta pegar, cê vai pegar sim, porque se você tiver que segurar pra não bater, cê vai segurar! [...] O paciente fazendo uma manifestação de agressividade cê não vai deixar pra ele ou se machucar ou machucar alguém. Cê vai ter... um manejo... físico, né... ou cê vai acolhê-lo no seu colo num momento de dor... [...] claro que numa questão de agressividade no consultório, cê até faz essa contenção, digamos assim, entre aspas, né... dá esse limite através do seu corpo, mas acho que nós temos como um... do paciente te abraçar de um jeito diferente... querer te tocar de um jeito diferente, e se você se permitir... ser tocado... no cotidiano, por exemplo, isso quase nunca acontece... (Maria Cristina).

Nesse discurso, que se inicia falando no "manejo do corpo", encontramos a at que "empresta" seu corpo para o paciente. O corpo do at é apresentado como aquele que *pega*, *segura*, *acolhe no colo*, *abraça*, *toca* e *é tocado*. O discurso propõe uma diferenciação entre o empréstimo corporal feito pela at no AT e o empréstimo que ela diz ser feito na clínica, isto é, no consultório: "Porque para o paciente da clínica a gente empresta o nosso corpo, mas de um outro jeito... acho que seria desse jeito menos físico", no consultório. O discurso não esclarece exatamente qual seria a diferença, pois pareceria ser apenas de grau, ou seja, tanto no AT como na clínica, empresta-se o corpo ao paciente, mas na segunda o empréstimo é "menos físico" do que no primeiro. Podemos supor, no entanto, que a diferença é de natureza, e não de grau, isto é, o empréstimo na clínica é imaginário, ou seja, há a transferência, enquanto no AT é físico propriamente dito.

Há um extrato de outra at que parece condensar de uma só vez o que foi apresentado nos outros dois anteriores:

> [...] ele falou que tinha muito medo de me perder porque foi assim com *a mãe dele* porque a mãe dele abandonou ele e ele ficou numa posição fetal, né? *No meu colo e colocou a cabeça no meu colo, mas numa posição bem fetal mesmo* e aí foi aonde ele falou que não gostava da mãe dele porque *a mãe dele tinha abandonado*... (Maria Teresa).

O discurso narra um momento de desamparo do paciente no qual ele é acolhido pelo corpo da at que o apoia no colo. Esse discurso nos mostra a at ocupando o lugar de mãe, da mãe que dá sustentação e amparo. Como o lugar ocupado é o da mãe boa ou acolhedora, esse discurso deixa transparecer algo implícito que esclarece por que o corpo é uma referência constante nos discursos dos ats, ou seja, a realização física daquilo que, na psicanálise (winnicottiana), se realiza imaginariamente (como sugerido no extrato anterior a este), pois vimos, no exame da literatura sobre AT, a importância da referência psicanalítica. A peculiaridade, como já observamos, é que aqui, como no extrato anterior, a relação física não é imaginária, e sim real, ainda que seu sentido seja imaginário (o paciente imagina a at como a mãe boa que não o abandona).

Qual a importância e o sentido dessa referência das entrevistadas ao contato corporal, à descrição dos corpos dos pacientes e do seu próprio? Por que, em seus discursos, as ats apresentam o corpo como marca do fazer do at? Maria Isabel nos traz a resposta:

> [...] Em alguns momentos quando a gente se encontrava junto dos irmãos ela queria o meu colo, uma disputa pelo meu colo, o tempo todo. Aí o X via aquilo e queria disputar meu colo, ficava uma briga, (risos)... uma briga pelo meu corpo. Porque hoje eu consigo olhar melhor pra isso, como *eles disputavam o próprio corpo deles, de conseguir enxergar esse corpo e foi através do meu que teve essa possibilidade de se olhar enquanto ser humano*. Até que eles conseguiram sentar em roda sem ficar disputando o meu colo... (Maria Isabel).

A disputa pelo corpo da at, que estava ali presente e disponível para dar colo, evidencia-se como a possibilidade de os pacientes reconhecerem seus próprios corpos. É a presença do corpo do at que torna possível aos pacientes enxergarem seus próprios corpos como *humanos*: "foi através do meu que teve essa possibilidade de se olhar enquanto ser humano".

Os discursos das ats nos apresentam o corpo não somente como mediador contra o sofrimento psíquico, mas também como descoberta da própria humanidade, cuja ausência ou cuja perda é exatamente o que o sofrimento exprime. O corpo é facilitador e núcleo do fazer do at porque nele se concentram o risco da perda de si como humano e a esperança de descobrir-se a si mesmo como humano.

O lugar da formação de origem

Não é ao corpo nem ao sofrimento, entretanto, que as ats fazem referência quando narram as trajetórias profissionais que as levam ao AT. É um fato digno de nota como em todos os discursos o AT aparece como surgindo no meio do caminho das ats, não uma escolha, digamos, premeditada.

> [...] Da *minha* experiência... bom... *eu* começei a fazer AT... comecei a *me* interessar por isso já faz bastante tempo [...] ouvi falar que

> tinha isso aí [...] *eu* me interessei bastante porque é uma coisa bem próxima a algumas atuações da própria *terapia ocupacional... eu* via que era bem próximo... então... sai muito pra ir na casa do paciente... sai também pra ir, pra ir ajudar o paciente em supermercado... em banc... assim uma certa coisa... e aí *eu* me interessei né, por isso aí [...] (Maria Paula).

Essa cena centrada no *eu* narra a trajetória de uma terapeuta ocupacional. O discurso se refere ao Acompanhamento Terapêutico com o uso do pronome demonstrativo *isso* e apresenta a proximidade percebida pela at entre a sua formação de origem e o *isso*. É essa proximidade que Maria Paula identifica como fator de geração de interesse pelo AT. Dessa maneira, o discurso mostra que a referência da at não foi modificada, permanece em sua profissão de origem e, por esse motivo, para falar de AT, a entrevistada remete-se à Terapia Ocupacional.

Podemos observar algo semelhante no extrato a seguir:

> [...] *Eu* fiz faculdade de enfermagem... e desde o tempo de formação de graduação que eu tinha um olhar muito interessado *pela psiquiatria quando eu tive contato com esse aspecto do humano...* assim... eu procurei fazer esse curso por lidar com pessoas... *pela questão da relação humana...* [...] né... foi o que mais se aproximou... e eu procurei dentro desta área... dentro dessa formação acadêmica... aquilo que mais se encontrava com o meu interesse... que foi a *área da enfermagem psiquiátrica... né... da saúde mental...* [...] eu sempre queria ir para o lado da psiquiatria... *de ser psicoterapeuta...* aí eu comecei a fazer terapia... porque isso iria ajudar para alguma formação que eu fosse encontrar pra... [...] depois conheci uma professora que me convidou pra fazer o mestrado [...] aí eu trabalhei com a questão do cotidiano em instituição psiquiátrica [...] *mas eu preciso fazer uma coisa junto com os pacientes...* [...] *mas o que vai me dar essas ferramentas de eu poder sentir que eu estou fazendo ali uma ação terapêutica... de ajuda... que eu vou junto com ele encontrar essa saída... e aí no final do mestrado eu fiz a formação de at...* [...] assim... porque eu sempre gostei dessa coisa de ir na... *de estar com a pessoa... na casa... na família... aquela coisa da enfermagem da prática da enfermagem que faz visita domiciliar...* eu gostava muito de fazer visita domiciliar... [...] isso como profissional enfermeiro que buscou uma linha de ação... né... e *foi aí que eu cheguei na coisa do AT...* (Maria Vitória).

Pela narrativa da at, de sua trajetória da enfermagem ao AT passando pela psiquiatria em razão do *gosto pelo humano*, vemos que sua aproximação com o Acompanhamento Terapêutico se deu pela identificação percebida entre sua profissão de origem e o AT. Ela se nomeia *enfermeira*, e o que faz com que se represente como at é o que surge no discurso como *linha de ação*: "como profissional enfermeiro que buscou uma linha de ação... e foi aí que eu cheguei na coisa do AT".

Dessa maneira, vemos que as ats se representam pelas suas profissões de origem, e não pelo AT. Assim:

> [...] Eu *tava na faculdade, de psicologia*, né... e um colega meu... disse que ele... ele tinha assim... tinha um trabalho e que eles tavam precisando de uma mulher e... daí... que ele achava que eu ia me dar bem fazendo aquilo... daí... se eu queria ir lá e conhecer o psiquiatra... que ele trabalhava com um psiquiatra, né... daí eu perguntei o que que era o trabalho... e ele disse que... que era Acompanhamento Terapêutico... bom... Eu tava no segundo ano da faculdade e nunca tinha ouvido falar daquilo... daí eu pedi pra ele me dizer que que era aquilo... mas *ele disse pra eu ir numa reunião com o psiquiatra que eu ia aprender fazendo*... Bom... Falou em psiquiatra, no segundo ano de facul... lá fui eu... né... era uma reunião... que o psiquiatra fazia... assim... toda semana com os ats daquela equipe que atendiam aquele paciente... né... e... Eu... eu... achando que ia me inteirar de tudo... né... e o psiquiatra... também não me explicou bulhufas do que era pra fazer... mas... marcou o dia que era pra eu ir conhecer o paciente... No começo, né... eu ia com os outros ats... tinham... tinham... dois que eram psicólogos... esse meu amigo que tava no quarto ano de psico... e... e... dois psiquiatras... E daí... eu fui vendo lá que que eles faziam... e fui, assim... por imitação, né... sem entender direito que que eu tava fazendo... *Eu ia lá nas reuniões... prestava a maior atenção*, né... daí... quando tinha *aula de psicopatologia* na faculdade eu era a primeira a chegar... achando, né, que ali eu ia aprender o que fazer... daí... eu pedi pro psiquiatra alguma coisa pra eu ler... sobre o assunto... e ele me deu o único livro que existia na época... sabe... o das argentinas... daí, né... Eu sei que o tempo foi passando... e... e eu fui mesmo aprendendo aquilo... no começo eu duvidava... que ia entender qualquer coisa, mas... foi como eles falaram... e daí... *eu fui fazendo a faculdade... o meu trabalho me ajudava bastante a entender o que eu estava estudando*, né... assim... de tudo... e eu ainda tinha uma vantagem, né... que meus colegas não tinham... eu tinha uma prática na psico!... Depois... daí... eu me formei... e continuei trabalhando como at... *Daí é ir levando o consultório e o AT...* (Maria Teresa).

A narrativa dessa at mostra que para ela há uma complementaridade entre psicologia e AT. Aprende-se AT fazendo e, ao trabalhar como at, aprende-se psicologia.

Nesse discurso, os papéis de at e psicóloga não aparecem sobrepostos, e sim como pares complementares: "Daí é ir levando o consultório e o AT".

> [...] E eu acho que... que *essa característica de poder tá ali no contexto, de poder sair, vivenciar, experienciar coisas junto, que na verdade é da TO*, é... é... é um manejo superbonito e que tem tudo a ver com o que a gente acredita que deve se estabelecer num vínculo assim, mas é isso, acho que isso é da TO... mas *eu acho que isso não é do AT, de verdade, isso pra mim é total da TO*. Isso pra mim é um jeito que os psicólogos arrumaram de ser mais leves, mais leves... mas pra mim isso é profundamente da TO [...] É que eu só acho que tudo isso eu já achava, eu já tinha isso como característica da minha prática profissional antes de estudar o AT e eu acho que *todas as Tos, inclusive as que não estudaram AT, atuam exatamente assim* (Maria Dolores).

O discurso dessa at a posiciona como terapeuta ocupacional que não reconhece qualquer especificidade do AT e por isso não faz discriminação entre terapia ocupacional (TO) e Acompanhamento Terapêutico; na verdade, apresenta uma sobreposição dos dois, fazendo com que o AT, de fato, não exista. Para essa at, a psicologia, por meio do AT, tenta se apropriar do que é específico da terapia ocupacional. Dessa maneira, vemos a at ocupando também um lugar de oposição em relação à psicologia e mostrando que a existência do Acompanhamento Terapêutico é uma falsa criação dos psicólogos.

Embora os discursos mostrem como referenciais primeiros das ats suas próprias formações de origem, há também, como acabamos de ver, a presença de outros referenciais, que são teóricos: psicologia, psiquiatria, psicanálise. Essa presença pode ser observada também no seguinte extrato:

> [...] E aí, a partir daí *eu* comecei a fazer AT. [...] E aí tinha uma supervisão, né? Sempre precisa de supervisão. Não era um supervisor de AT, que não tinha, né? Mas *era um... um psicanalista que, tinha um jeito bacana de ver o mundo* e era capaz de me ajudar nessa minha prática de AT. [...] tenho formação psicanalítica. [...] É, é com isso que eu trabalho... mas eu *tenho uma preocupação de que isso seja uma teoria* que... mas que ela não fique à frente da minha prática. Isso, sem dúvida, né? De *que a teoria não prescinda o encontro* (Maria Cristina).

Esse trecho do discurso principia com o "eu", ou seja, a at se posicionando dentro do AT, mas na continuação aparece o verbo na terceira pessoa – "sempre precisa" – e, dessa maneira, indetermina o sujeito, generalizando a necessidade de supervisão. Posiciona o supervisor fora do AT e, com a adversativa "mas", localiza-o na psicanálise. É interessante pensar que o uso da adversativa ao contrapor dentro e fora do AT emparelha AT e psicanálise. Podemos pensar que esse "mas" carrega em si um *apesar*, contudo não podemos afirmar a que termo da oração ele se refere, isto é, não podemos saber se é apesar de estar fora do AT, ou se é apesar de ser psicanalista. De toda maneira, a narrativa prossegue localizando a at também na psicanálise. O pertencimento a essa determinada instituição faz surgir no discurso da at uma preocupação com a teoria. Assim, tanto o discurso nos mostra que para essa at a psicanálise é uma teoria importante para fazer AT como também uma teoria que pode ameaçar e suplantar o fazer da at. Por isso, depois de haver se situado no interior da psicanálise, ela se posiciona fora da psicanálise. Há, no discurso, uma indeterminação, pois é como se houvesse um constante jogo de dentro/fora, de pertencimento/não pertencimento, de ser/não ser.

> [...] na minha lida com AT... na parte sistemática do estudo em AT... na parte acadêmica me *utilizei* do referencial da minha *formação como psicoterapeuta*... que é a *reichiana*... *análise bioenergética*... conceito reichiano da autorregulação... que tem todo esse aspecto do corpo que se relaciona com o mundo... e que existe um movimento... considerando o ato de acompanhar por si só um movimento... então esse processo é feito... e assim... *essas bases psicanalíticas*... em *qualquer linha* ela vai estar presente... né... se a gente olhar todo o aspecto de como... a *noção de sujeito*... *e concepção de saúde e doença que começou a partir da origem da psicanálise* e tal... então ela vai estar permeando e vai estar embasando qualquer linha que seja de escolha... né... mas eu não vou te dizer que eu me fecho... então *eu sou at neorreichiana*... por exemplo (risos da entrevistada e da entrevistadora)... eu sou at... acho que quaisquer linhas dessas psicoterapêuticas... elas podem iluminar o ato de acompanhar no AT... e hoje eu tenho... (Maria Vitória).

Maria Vitória determina em seu discurso a qual trabalho com AT está se referindo. Ao fazer isso, seu discurso mostra que, para ela, há uma divisão em relação ao AT: ela o divide em estudo acadêmico e ato de acompanhar. A entrevistada ainda se posiciona de maneira diversa dependendo de qual lado da linha divisória, por ela estabelecida, estiver. Assim, se estiver posicionada como acadêmica utiliza a teoria reichiana e a bioenergética – "eu sou at neorreichiana". Entretanto, diz que "qualquer linha" psicoterapêutica pode "iluminar o ato de acompanhar". Portanto, aqui temos uma at que se posiciona em três lugares distintos, como estudiosa do AT, como psicoterapeuta e como at.

Portanto, vemos que a formação de origem determina o olhar e a prática de AT dessas ats. Somos levados, então, diretamente à nosso próximo subitem.

Formação para o AT

O que dizem elas, então, sobre a formação do at para o AT?

> [...] Pra at... e dentro dessa formação de at... e *é aí que amplia*... é aí que *o conhecimento é interdisciplinar*... porque tem que ter... eu acho que *a formação pro AT* tem que ter o conhecimento da *antropologia... da sociologia... da filosofia... da própria saúde... da psicologia obviamente... da psicanálise... da reabilitação psicossocial*... é... que vai incluir aí toda essa questão do movimento da reforma psiquiátrica... enfim... então *tem que ser uma formação ampla*... né... tem que... acho que tem que ter *uma formação dentro da terapia ocupacional*... que lida muito com essa coisa também às vezes com desempenho ocupacional... da pessoa não acompanhar... isso surge muito... a pessoa quer aprender a fazer... então eu acho que tem *vários conhecimentos de várias áreas pra ser dado num curso de AT*, por exemplo... (Maria Paula).

A at posiciona-se no discurso sobre a formação do at de forma singularizada utilizando o pronome "eu". A formação idealizada por Maria Paula é nomeada "ampla" e ela se refere à necessidade de conhecimentos de várias áreas de maneira indeterminada, assim, conhecimentos da filosofia, da sociologia, da antropologia, psicanálise, da terapia ocupacional, da saúde, etc. surgem no discurso de maneira genérica, sem que saibamos a quais conhecimentos de cada área a at se refere.

Encontramos também um "obviamente" quando ela se refere à necessidade de conhecimentos de psicologia, considerando, portanto, que há um consenso sobre a participação da psicologia nessa formação. Os conhecimentos da reabilitação psicossocial são um pouco especificados quando a at se refere ao movimento da Reforma Psiquiátrica. Entretanto, a única área de conhecimento que é um pouco mais especificada quanto ao tipo de conhecimento que deve "emprestar" ao acompanhante é a terapia ocupacional, que é a formação de origem dessa entrevistada, e que surge ao falar de "desempenho ocupacional" e o "aprender a fazer", mas mesmo assim é bastante vago. Desse modo, a formação de origem surge como maior referência para esta at, porém não aparece como suficiente para o trabalho do at.

De alguma maneira, o AT aparece não como um campo de conhecimento interdisciplinar porque conhecimento próprio, mas como se fosse possível conter dentro dele todos os conhecimentos das diversas formações de origem dos vários profissionais que trabalham (ou mesmo os que não trabalham) com AT.

O discurso de Maria Aparecida parece complementar esse que acabamos de ver:

> [...] O conhecimento da formação... que *ele* procure um lugar pra isso... acho que *profissional* que se interessa por essa prática precisa de procurar uma formação... *se* inteirar disso... *se profissionalizar como função*... [...] *Se instrumentalizar através da formação* e daquilo que pode lhe dar balizas de trabalho... *ele* quer atender as pessoas... então *ele* vai precisar de balizas... né... assim... para que *ele* possa ter essa condição de olhar... perceber com quem está lidando... tem que ter um embasamento... [...] *Eu* acho que *ele* vai precisar ter *conhecimento do que é clínica*... do que é clínica... do que atendimento clínico... e isso *ele* pode encontrar no *referencial da filosofia*... o Foucault fala de clínica... na *psicologia*... na *medicina* vai ter... na *enfermagem* vai ter... então *a gente* precisa entender o que é clínica... [...] O que é uma clínica... o que que é que ela estabelece... que elementos estão envolvidos... e aí *eu* acho que tem elementos dentro da clínica que aí... que é aquela coisa do enquadre... do *setting*, né... *eu* acho que é da área da psicologia... e aí a psicologia vai dar essa contribuição do estabelecimento de *setting* e tal... quais são os... né... [...] E esse aspecto... por exemplo... das *políticas de saúde*... [...] e *ele* tem que ter noções de administração de políticas de... essa coisa do... né... é... *não sei*... [...] *eu* acho que *o eixo é o estabelecimento da clínica*... você estar fazendo uma clínica... [...] vai ter que ter um conhecimento de psicopatologia... e que aí *a gente* vai buscar nas áreas que lidam diretamente com isso... enfermagem lida... medicina lida mais direto... acho que psicologia... *todas as áreas vão lidar*... mas sabe... então assim... você vê... acaba constituindo algo que é para o AT... (Maria Aparecida).

"Profissionalizar como função" a formação para AT parece possibilitar a profissionalização, que talvez signifique a conquista de uma identidade do at tão almejada nos anos 1980/90, como vimos anteriormente, e contraditoriamente uma profissionalização tão temida porque pode trazer em si a legalização, regulamentação que tira a potência criativa do AT, pois o engessa em regras e normas. Assim, a profissionalização da função surge como o que pode "enganar", "ludibriar" a regra, pois não é profissão, é função!

Ao falar da formação, essa at se coloca numa posição de exterioridade, não fala de si, mas de "ele" (o at), sempre na terceira pessoa, inicialmente, referido à figura genérica do profissional – "profissional que se interessa por essa prática precisa de procurar uma formação". Quando surge um *eu* no discurso é para falar de um *ele*. Contudo, por duas vezes há o emprego do *a gente*, denunciando que a at faz parte dessa comunidade, pois "a gente precisa entender o que é clínica" e "a gente vai buscar nas áreas".

Interessante é poder ver a delimitação dada às áreas relacionadas por ela para a formação. Se não são exatamente as mesmas da entrevistada cujo extrato analisamos anteriormente, são quase todas as mesmas. O que surge de diferente nesse discurso é que essa at mostra saber o que é preciso buscar em cada uma dessas áreas, podendo, assim, delimitar o conhecimento que no outro discurso aparecia ilimitado: "aí a gente vai buscar nas áreas que lidam diretamente com isso [...] acaba constituindo algo que é para o AT". A delimitação dá ênfase ao que a entrevistada chama de *clínica* – "eu acho que o eixo é o estabelecimento da clínica... você estar fazendo uma clínica". A at não explica exatamente o que entende por clínica (talvez seja sinônimo de terapêutico) e isso é interessante se nos lembrarmos de um outro discurso no qual a at distinguia entre AT e clínica (entendida como atividade de consultório).

> Outros ATs? Ah... qualquer um (risos)... acho que *qualquer pessoa que faça esse acompanhar... e que procure... eu acho que tem que procurar se instrumentalizar um pouco*... não dá pra... ah... "eu vou sair... vou fazer um passeio... pronto, vou fazer minha clínica"... Tem que ter essa coisa da... de *você tá sabendo o que que você está trabalhando*... sabe... o que que a pessoa está te trazendo... minimamente... que que ela tá querendo te dizer com aquilo que ela está falando... com aquilo que está fazendo... sabe... *você tem que ter alguns instrumentos pra você saber trabalhar com isso*... né... responder um pouco a isso... mesmo dentro do inusitado... acho que você tem... senão você não faz nada... né... senão vira qualquer relação... *não vira uma relação terapêutica*... então é só ta junto... ta junto?... não... também não é assim (riso leve)... *ele não tem uma técnica definitiva... mas tem... tem técnica... tem posturas*

> *éticas... tem conhecimentos...* né... que você vai se utilizando como ferramenta mesmo... mas eu vejo assim... (Maria Paula).

O discurso da at mostra uma indeterminação quanto a seus pares, uma vez que para especificar os profissionais que vê como possíveis ats diz: "qualquer um, qualquer pessoa que". Este *que* condiciona, restringe, especifica – "acho que tem que procurar se instrumentalizar um pouco... não dá pra... ah... 'eu vou sair... vou fazer um passeio... pronto vou fazer minha clínica'". Ou seja, o discurso apresenta a restrição que caracteriza aquele que pode fazer AT. Maria Paula, entretanto, não usa adjetivos para caracterizar seus pares, ela usa verbos: "faça", "esse acompanhar", "procure", "procurar", "se instrumentalizar", "tá sabendo", "saber trabalhar", "responder", "ter uma técnica". Assim, a restrição ou a condição de ser at está localizada na ação, no fazer, acompanhar, procurar se instrumentalizar, ter, saber, trabalhar, responder.

A at, dessa maneira, apresenta-se como alguém que tem um conhecimento que a diferencia dos outros e que lhe permite estabelecer uma relação que não é uma "relação qualquer", mas é uma "relação terapêutica". Afirma, por isso, que existem "instrumentos" necessários ao trabalho do at, ainda que não haja uma "técnica definitiva". Contudo, encontramos a adversativa "mas" que determina uma oposição a essas afirmações. A contraposição não é à técnica, mas ao adjetivo que a acompanha *definitiva*, uma vez que "tem técnica" e não só técnica, mas "posturas éticas e conhecimentos". Esses termos, porém, aparecem de forma inespecífica, generalizados, de maneira que técnica, ética, conhecimento sugerem uma especificidade inespecífica.

De toda maneira, os discursos evidenciam a necessidade da formação do at e sua amplitude ou o caráter interdisciplinar do AT.

Os parceiros

Se a formação do at é tão ampla, quem são aqueles que as ats consideram seus parceiros?

> [...] eu vejo que o AT é uma *ação interdisciplinar* e que ele pode ser desenvolvido por *vários* profissionais... *não é só um tipo de profissional... não é só* o psicólogo... não é só o... sabe... acho que são vários... acho que pra *qualquer profissional de saúde... de forma geral... profissional das ciências humanas...* eu acho que também se daria muito bem nisso... *eu acho que são esses os pares... enfermeiros... médicos... psicólogos... terapeutas ocupacionais... sei lá... assistentes sociais...* (Maria Paula).

Assim, a amplitude da formação, ligada à ideia do AT como "ação interdisciplinar", acarreta também a amplitude dos parceiros – "são esses os pares... enfermeiros... médicos... psicólogos... terapeutas ocupacionais... sei lá... assistentes sociais".

> [...] Eu tenho tido contato com as *pessoas da área da saúde*... Eu tenho na minha experiência de trabalho contato com as pessoas da área de saúde... *terapeuta ocupacional... médico psiquiatra... enfermeira... psicólogo... assistente social*... mas eu acho que *os parceiros são esses e mais educador... sociólogo... filósofo... né... arquiteto... sei lá... administrador... antropólogo... não sei... aquele que se sinta convidado...* e aí ver onde ele quer se inserir... onde que ele vai atrás desse conhecimento... (Maria Aparecida).

Maria Aparecida, quando se refere aos seus pares, apresenta-os também de maneira específica-inespecífica: "pessoas da área da saúde". A continuação do discurso, de fato, não muda essa característica e o momento de maior especificidade, no qual surgem em sua fala as profissões específicas, como médico, psicólogo, enfermeira, etc., logo se transmuda em inespecificidade, uma vez que passam a ser nomeadas todas as profissões, do filósofo ao administrador. Assim, o pronome "aquele" é o elemento indeterminado que aparece para especificar os pares da at. É o desejo que surge como o fator determinante, isto é, os ats são profissionais de diferentes profissões que "se sentem convidados".

O Acompanhamento Terapêutico na fala das ats

Os discursos das ats exprimem como percebem e compreendem o Acompanhamento Terapêutico. Acompanhar surge como um fazer algo. É sempre optar por um fazer, pois, como já dissemos, mesmo na não interferência faz-se uma opção, a de não interferir. Os discursos mostram esse Acompanhamento Terapêutico no reconhecimento e nas ações dos ats quando *aproveitam, recuperam, falam, trabalham, não interferem, fazem mediação, orientam, acolhem, conversam, brincam, jogam, passeiam*. Em suma, o AT é apresentado como um fazer variado em que cada at faz coisas diferentes dos outros. Contudo, há um propósito nesse fazer que é dar *conta de alguma necessidade do paciente*. O at, então, faz aquilo que for necessário para *ajudar* o paciente *a caminhar, reconhecer suas necessidades* e/ou poder lidar com seus impulsos. O trabalho do AT, ainda, aparece ligado ao *interesse*, à criação de interesse, ao *despertar do desejo* e à atividade criativa do paciente

Veremos que os discursos apresentam o verbo *sair* como palavra-chave. Tanto a saída do terapeuta para *ir* à casa do paciente como sair com o paciente. As saídas do terapeuta com o paciente são ditas para *ajudar*. Assim, o AT aparece como uma ajuda ao paciente e essa ajuda é, sobretudo, ajudar a sair.

> [...] Da minha experiência... bom... eu comecei a fazer AT [...] então... *sai* muito pra ir na casa do paciente... *sai* também pra ir, pra ir ajudar o paciente em supermercado... em banc... assim uma certa coisa... (Maria Paula).

Espaço e tempo no AT

Quanto aos espaços nos quais o AT pode acontecer, encontramos nos discursos tanto lugares públicos quanto a casa do paciente e outros espaços.

No extrato a seguir veremos o espaço como marcador do trabalho. A referência feita pela at quanto ao acompanhar vai numa progressão, desde o âmbito mais privado, a *residência, a comunidade, o quarteirão*, até o mais amplo, *a problemática social* e a *internação*.

> [...] pra acompanhá-lo na casa dele... na residência... pra detectar como que é a inserção dele na *família*... na *comunidade*... de como que ele está inserido... sei lá... no *quarteirão* da casa dele... se tem amigos... se não tem amigos [...] *detectar problemática familiar... a problemática social*... mas começou a surgir uma demanda assim de procurar com essas pessoas algo que elas pudessem se *incluir* já pra *já sair da internação* com alguma coisa pra que elas não retornassem a internar... (Maria Paula).

Esse extrato nos mostra o Acompanhamento como algo investigativo, como indica o uso do verbo "detectar", o que supõe que há algo despistado, e que a finalidade dessa investigação é conseguir a inclusão do paciente no fora, isto é, "sair da internação" e não retornar a ela. Assim, o verbo *acompanhar* surge no discurso como "detectar" a inserção, a problemática social, para conseguir incluir o paciente no fora, ou seja, no social. O espaço é amplo e de duas ordens, uma direta, a casa, o quarteirão; outra, mediata ou indireta, isto é, a inclusão social.

> [...] O principal motivo de *eu ter ido pra lá como at* foi porque ele não conseguia parar em escola nenhuma, demandava demais das escolas e as professoras não aguentavam mais ele e *tudo isso vem da história de vida dele, ele não tinha um lugar no mundo, né, então*... [...] eu fui funcionando como at ali, nesse modo de *oferecer um lugar* [...] as coisas estavam muito difíceis e aí com o decorrer do Acompanhamento isso foi diminuindo, *cada um foi entendendo mesmo qual é o*

> *lugar, né?* [...] eu percebo que a família está super bem organizada... [...] o X. tá super calmo na escola, tá conseguindo fazer a lição, tá conseguindo acompanhar o que o professor diz [...] Foi um caso que deu certo (Maria Isabel).

Esse discurso traz para a cena o espaço como *lugar*, tanto em sua espacialidade concreta – o lugar para onde a at foi; a escola – como em sentido social – "cada um foi entendendo mesmo qual é o lugar". Há a referência ao lugar concreto da escola, no qual o acompanhado "não conseguia parar", e assim ele não permanecia em um lugar escolar concreto, mas também, de forma mais ampla e genérica, ele "não tinha um lugar no mundo". A at por sua ação não só "oferece um lugar", mas ainda conseguiu que o paciente e a família entendessem qual o lugar de cada um no mundo.

A amplitude ou indeterminação do espaço possível para o AT aparece num outro discurso:

> [...] Se for necessário para o paciente, *a gente atende viajando...* [...] agora mesmo eu tenho paciente em K... tem um dia da semana que ele está em X e nós estamos em duas que vamos na terça-feira e a gente reveza a coisa do carro... e a gente está estabelecendo uma dinâmica com ele... é... [...] mas assim... até essa coisa de *ir até ele em duas pessoas...* estar com ele assim... está *proporcionando* uma coisa de grupo... (Maria Vitória).

Confirmando a questão da extensão do território físico, neste caso, o "atender viajando" mostra que os limites da atividade são sempre deslocados para mais à frente. As necessidades dos pacientes e a flexibilidade do AT, sua indeterminação, como serviço de saúde, são o horizonte para os deslocamentos.

Há, porém, outro espaço de exercício do AT: um espaço interno ou afetivo, o da relação.

> [...] *A gente pode tanto... sair de casa, como ficar em casa.* A gente sempre acha que o at sai de casa... o AT acontece ali na rua... nem sempre acontece na rua... né... porque o *AT às vezes o AT acontece dentro de um pedacinho de cada um*, né... Às vezes, é... *tem que ver que o AT não acontece só num espaço físico...* que é o que a gente tá acostumado a... a ver do AT, né... que o AT sempre... ele acontece fora de casa, fora da casa do paciente ou na casa do paciente, num sítio, num parque, num clube, na rua, no cinema, enfim, né... e... *mas eu acho que não é só isso...* às vezes o *lugar* que a gente quer proporcionar pro paciente *tá dentro... da relação* (Maria Cristina).

Nesse trecho do discurso surge uma nova indeterminação do AT, posto que Maria Cristina diz que no Acompanhamento tanto se pode ficar em algum lugar (na casa do paciente, por exemplo) como sair. Porém, a indeterminação não para por aí. Utilizando o "a gente" e, portanto, propondo uma imagem de inclusão, ela faz uma afirmação sobre o espaço de acontecimento do AT que, em seguida, será contradita. Essa afirmação sobre o fazer do acompanhante num determinado espaço carrega consigo um advérbio de tempo que lhe dá um caráter de perenidade e ao mesmo tempo especifica o espaço do AT: "sempre... sai de casa". A oposição a essa ideia não surge com uma adversativa, e sim pela suavização do *sempre* quando ela diz "nem sempre", ou seja, é pela referência à temporalidade que ela falará da espacialidade do AT. Assim, encontramos "nem sempre" e "às vezes".

O discurso ainda enumera os espaços possíveis de ocorrência do AT de maneira tão ampla que, outra vez, estamos diante da indeterminação. Contudo, a at recusa a opinião corrente de que o AT acontece apenas no sair de casa e, ao contrário, afirma que há um espaço que é próprio ou específico do AT, pois "o AT não acontece só num espaço físico" e sim "acontece dentro de um pedacinho de cada um" porque "o lugar que a gente quer proporcionar pro paciente tá dentro... da relação".

Assim, a indeterminação espacial quanto ao espaço externo (físico e social) é compensada pela clara determinação do espaço próprio do AT: é o espaço interno, afetivo, *lugar da relação*.

Como o espaço físico e social, também o tempo aparece alargado e, por vezes, indeterminado.

> [...] E o AT *a gente* sabe que... Cê precisa ter essa *disponibilidade maior... de tempo*, né? Porque *a gente* nunca sabe dizer o que vai acontecer... *cê pode ter feito o contrato de ficar uma hora com o paciente ou duas horas e de repente cê tem que ficar quatro horas*... ou de repente cê... ou... aquele dia, aquele encontro ter... sido interrompido e você vai ficar meia hora, né? Então, *a gente nunca sabe o que vem a seguir... a gente sempre lida com o inédito no AT!* Então, ahn... acho que... nessa coisa de... de não saber o que vai acontecer, eu acho que *não dá pra gente ser tão rígido, né*? Dizer, não! Então agora tratando de honorários, por exemplo, três horas e meia... com certeza a gente não vai cobrar três horas e *meia*, também tem um pouco de senso de realidade... de bom senso, né? [...] pelo menos eu acho que não, não conseguiria trabalhar isso assim... olha eu vou... vou cobrar... *eu fico uma hora e terminou minha hora eu levanto e vou-me embora... Num AT*

> *não dá pra fazer isso... todo mundo já sabe, né... tem toda a questão do investimento do encontro, do encontro com o psiquismo* (Maria Cristina).

Maria Cristina se inclui num grupo – "a gente" –, isto é, entre os ats que *sabem* que uma característica necessária ao acompanhante é a *disponibilidade de tempo*, uma vez que há algo que esse mesmo grupo, ao qual ela pertence, sabe: que "nunca sabe o que vem a seguir" porque "a gente sempre lida com o inédito no AT". Assim, o contrato de trabalho pode especificar o tempo de acompanhamento, mas os acontecimentos imprevistos, as circunstâncias inesperadas, o inusitado impõem uma outra relação com o tempo, isto é, "não dá pra gente ser tão rígido". A at explica por que é preciso ser flexível e ter disponibilidade: em primeiro lugar, porque o tempo traz o imprevisível e, em segundo, porque o AT é "um encontro com o psiquismo" cuja temporalidade não é a do relógio ou do cronômetro, e sim imensurável. É um tempo interior, "como todo mundo já sabe", isto é, "a gente", nós, ats.

Encontro

Acabamos de mencionar um trecho de entrevista em que, referindo-se ao tempo próprio do AT, a at declara que não é possível terminar um acompanhamento pela fixação de um horário rígido e apresenta o motivo disso: "que todo mundo já sabe, né... tem toda a questão do investimento do encontro, do encontro com o psiquismo". De fato, tanto os discursos sobre o espaço como aqueles sobre o tempo acabam chegando à ideia de um espaço-tempo psíquicos apresentados como relação ou *encontro*.

Vamos retomar aqui trechos de uma fala já analisada, mas que, agora, se presta para apreciarmos a maneira como o encontro é encenado pelos discursos das ats.

> [...] geralmente é assim, me dirijo até a casa do paciente. *Encontro* com o paciente, né... e... numa *conversa* a gente vê *o que a gente vai fazer*, né... o que seria legal... seria legal a gente *ficar* em casa conversando... se é legal a gente *sair*... (Maria Cristina).

No discurso dessa at, o Acompanhamento Terapêutico aparece como um *encontro*. Este é uma conversa, uma ação conjunta da at com o paciente – "a gente" – para que juntos tomem uma decisão sobre o que fazer. Referindo-se a essa decisão, a at prossegue:

> [...] Ahn... de repente, né... por exemplo, né... a gente ter *só que andar com ele de mão dada e com a agressividade* pra ele poder de alguma

forma conseguir lidar com isso, saber que isso faz parte dele e como ele vai saber, digamos... (Maria Cristina).

Inicialmente, o fazer é "ter só que andar de mão dada". O que primeiro nos chama a atenção é o uso do advérbio de intensidade "só", que caracteriza o fazer como algo restrito. Somos, então, levados a pensar que o que é representado como o AT para essa acompanhante é contato físico, a partir da imagem das mãos dadas. Entretanto, esse "de mão dada" ganha um complemento que tira a imagem do plano da concretude do contato físico e a leva para o plano do contato psíquico: "a agressividade". O encontro, portanto, é físico e psíquico.

O encontro, diz uma outra at, é "abrir um espaço dentro da gente" para encontrar "a dor do paciente":

> [...] Também o comum, digamos, do senso comum, é a gente ter um AT, ter um... digamos, uma ideia, um conceito do AT, que o AT acontece em lugares públicos... ou em casa. E *eu* acho que o AT *não* é só isso... né... eu acho que o AT é onde a gente consegue *abrir um espaço dentro da gente*, encontrar um lugar tanto profissional, no profissional, pra poder proporcionar um encontro... que seja um... *um encontro que se faz com a dor do paciente*. Eu acho que esse é o lugar do AT. [...] Um encontro com a dor. Eu acho que esse é o lugar do AT (Maria Cristina).

Maria Cristina assume uma posição a distância do senso comum, do que as pessoas (*a gente*) comumente pensam sobre AT, dizendo "eu... não". O senso comum julga que o AT é um acontecimento no fora, no espaço aberto. A at não nega que o sair ou a atividade fora do recinto do consultório, do hospital ou da instituição asilar seja uma característica própria do AT, porém, nega que este se reduza a esse aspecto – "não é só isso" –, afirmando que ele se realiza num espaço interior que proporciona "um encontro que se faz com a dor do paciente". Ela é mais enfática: "Eu acho que esse é o lugar do AT. [...] Um encontro com a dor". O Acompanhamento Terapêutico surge, aqui, como um duplo encontro: o at procura e encontra dentro de si um espaço e o AT é o encontro do at com a dor do paciente pela mediação do espaço interior.

Essa caracterização do AT como encontro é enfatizada no discurso de outra at, que articula a pluralidade de formações ou de origens profissionais dos ats com aquilo que unifica esse plural, isto é, a relação com o outro como um encontro:

> [...] o AT é... é uma possibilidade de trânsito dos profissionais de diferentes formações, de diferentes, de diferentes campos, que podem atuar, desde que eles estejam comprometidos eticamente com a pessoa que eles tão acompanhando, né? [...] Bom, *eu acho que é um encontro que tem que acontecer, né, dentro... dessa dinâmica, né? Ética da condição humana*. Eu acho que isso é que é o AT, *né? Porque você... de fato tá ali diante de alguém que é humano, né? Como qualquer outro encontro.* [...] aonde *você tem que ter um encontro ético*, né? *Diante da condição humana, encontro de alteridades...*
>
> Porque o que eu falo de encontro, eu acho que é isso, qualquer encontro de pessoas tem que ter isso... tem que ter o caráter ético. Né? [...] a busca na verdade por um encontro desses. Eu acho... onde *você tem alguém num momento precisando da sua ajuda e você estendendo a sua mão e acompanhando pela vida*, né? (Maria Teresa).

No discurso de Maria Teresa, o AT é um "trânsito de profissionais" de diferentes áreas de atuação e com diferentes formações, ou seja, o AT é feito por pessoas que são profissionais, mas não são profissionais de AT. O que essas pessoas têm em comum é o fato de estarem comprometidas eticamente com seu acompanhado e é justamente esse compromisso ético que lhes permite atuar – "eu acho que é um encontro que tem que acontecer, dentro... dessa dinâmica ética da condição humana. Eu acho que isso é que é o AT".

No discurso anterior, a at fez aparecer o espaço interno do encontro; neste outro discurso, a at acrescenta uma outra qualidade a esse espaço ou a esse encontro, ela o qualifica como devendo ter *um caráter ético*. Porém aquilo que parecia ser o específico do encontro do AT – ser ético – é logo generalizado – "como qualquer outro encontro". Em outras palavras, todo encontro entre pessoas precisa ter caráter ético, pois só há encontro quando se reconhece e se respeita a alteridade. Desse ponto de vista, o AT é um encontro "como qualquer outro", portanto, sem especificidade. O específico, porém, aparece a seguir: "você tem alguém num momento precisando da sua ajuda e você estendendo a sua mão e acompanhando pela vida". O AT é o encontro no qual se estende a mão para ajudar o outro.

Dificuldades no AT

O encontro é descrito por algumas ats como cheio de dificuldades e por outras como complexo.

É assim, por exemplo, que o caracteriza Maria Isabel:

> [...] mas existia uma dificuldade muito grande com os profissionais do abrigo. [...] o que dificultou bastante o trabalho também... (Maria Isabel).

Nesse discurso de Maria Isabel as dificuldades vêm de fora – "do abrigo" –, não sendo inerentes ao AT, e por isso ela não diz que o Acompanhamento é difícil, mas que há situações que dificultam o AT.

Outra at desloca a questão: em lugar de falar em dificuldade, introduz a ideia de complexidade:

> [...] *Não tem experiência fácil e nem tem experiência difícil*. Não consigo classificar nenhuma experiência da minha vida como fácil ou difícil na minha vida profissional, não existe nenhuma experiência minha que seja fácil e nenhuma que eu possa dizer: "ai que experiência difícil", que pede alguma coisa. *Foi uma experiência muito rica assim..., é..., complexa mas no sentido da complexidade mesmo, não da dificuldade*. No sentido de ter muitos elementos, muitas interferências da complexidade, da teoria da *complexidade, não dificuldade* (Maria Fernanda).

Maria Fernanda não classifica as experiências em AT como fáceis ou difíceis – "Não consigo classificar nenhuma experiência da minha vida como fácil ou difícil na minha vida profissional" –, mas como complexas – "complexa mas no sentido da complexidade mesmo, não da dificuldade" A complexidade surge relacionada à teoria, à riqueza da experiência, à quantidade de elementos e interferências presentes, e não à facilidade ou dificuldade. Assim, fácil ou difícil cede lugar a complexo e rico.

> [...] *são complexos mesmo, tem muitas variáveis*. Acho que *não existe nenhum caso fácil, todos eles você tem que pensar todo o contexto de vida da pessoa, envolve um esforço, um desgaste, uma energia muito grande*. Não dá pra dizer que nenhum caso é fácil, *mas também não é difícil, só é complexo... só... é... é...* perdi a palavra... mas... *intenso... foi muito intenso*, mas não posso dizer que foi difícil porque era muito leve assim... é... tinha todas as questões dele, dos sofrimentos dele, mas enquanto eu estava com ele era muito leve eu não posso dizer que era difícil tá com ele, não era. Mas não é porque era fácil, porque o caso era fácil, porque *ser at é fácil* (Maria Dolores).

A at declara que "não existe nenhum caso fácil", mas nem por isso se deve dizer que é difícil. Aqui também o AT é caracterizado como complexo e, como no discurso anterior, complexidade não é sinônimo de dificuldade, mas de multiplicidade de variáveis, porque envolve "pensar todo o contexto da vida da pessoa". Complexidade também significa algo intenso que envolve desgaste, energia, esforço. O AT, no dizer de Maria Dolores, não é difícil nem fácil, mas envolve esforço e desgaste. No entanto, como no caso mencionado por ela, em certos momentos o AT também pode ser "leve". Leveza não significa facilidade, pois o fácil é simples e o AT é complexo. Curiosamente, porém, a facilidade reaparece, mas não referida ao AT, e sim ao "ser at". Temos, assim, um contraponto entre a complexidade do AT e a facilidade de ser at, contraposição que se esclarece se levarmos em conta o momento em que a complexidade é apresentada, ou seja, a "teoria". *Pensar* o Acompanhamento Terapêutico é reconhecer sua complexidade teórica – "tem muitas variáveis" –, porém, uma vez essa complexidade compreendida, a prática do at é fácil.

É interessante observar que a teoria (que Maria Dolores afirma ser complexa) é retomada por Maria Paula, mas para afirmar que esta (designada por ela como "todo o arsenal teórico aprendido") não alcança a realidade e a dificuldade do AT:

> [...] Eu acho que é por causa disso... porque *é uma... uma... vamos dizer uma clínica... que ela não tem o controle desse...* então por exemplo... o que eu percebo é que assim... bom eu... tenho assim... a partir de um certo momento... *eu consegui visualizar isso teoricamente melhor*, né... mas assim eu acredito que a... *o profissional de saúde... de forma geral... ele se prende muito à técnica...* de forma geral eu tô falando, né... então ele está sempre *colocando a técnica antes do sujeito que ele atende...* ou seja... é quase como se a técnica dele prescindisse do próprio sujeito em sofrimento que ele vai tratar... então ele tem uma técnica aprendida... que ele vai fazer daquele jeito... então *isso dá uma certa facilidade* [...] *e o sujeito que vai se encaixar na técnica dele...* [...] é uma coisa assim que *você começa a perceber que não... que é o contrário... é a técnica que tem que servir ao sujeito...* então ela tem que ser uma coisa que *não pode ser definitiva...* [...] *e o AT... acho que ele trabalha muito dentro dessa possibilidade... quer dizer... ele não tem uma técnica*, né... então... você vê... você está dentro de um lugar... trabalhando dentro de um consultório... ou... ou... então *você utiliza todo aquele arsenal teórico técnico que você adquiriu na sua formação...* profissional... acadêmica ou não... mas você vai utilizar aquela técnica... *você vai aplicar e pronto...* esperar que o paciente responda àquilo... mas você... tá... ó agora eu vou fazer isso... agora vou fazer aquilo... se ele me perguntar isso... eu respondo isso... e *no AT não é assim... no AT o difícil é isso... porque*

que é difícil... porque você está tão acostumado a ter receitinha pronta, né... assim... agora eu vou fazer isso e... e tal... que quando você não tem... você fala "ai, meu deus... será que eu estou fazendo certo? Será... será que eu estou fazendo alguma coisa?" (Maria Paula).

O Acompanhamento não aparece, aqui, afirmativa e positivamente como algo definido, por exemplo, como "uma clínica", termo que surge em meio à dúvida ou um grau de indeterminação, uma vez que Maria Paula hesita: "é uma... uma... é... vamos dizer". Essa dúvida, porém, não impede que a at coloque a técnica e o profissional de saúde *em geral* em oposição ao AT e à sua falta de técnica ou ausência de "receitinha pronta" que "você vai aplicar e pronto". A dificuldade será localizada na ausência de uma "técnica definitiva".

Duas oposições aparecem: o profissional da saúde está em oposição ao profissional no AT e a técnica facilitadora ou "receitinha" está em oposição à falta de técnica totalmente fixada, ausência que dificulta o trabalho e gera dúvidas – "será que eu estou fazendo certo? Será... será que eu estou fazendo alguma coisa?". Essa dupla oposição possui a mesma causa: "ele [o profissional de saúde] tem uma técnica aprendida... que ele vai fazer daquele jeito... isso dá uma certa facilidade [...] é o sujeito que vai se encaixar na técnica dele... [...] você começa a perceber que não... que é o contrário... é a técnica que tem que servir ao sujeito... então ela tem que ser uma coisa que não pode ser definitiva... [...] e o AT... acho que ele trabalha muito dentro dessa possibilidade". Dessa maneira, o núcleo da oposição entre os dois tipos de atividade encontra-se no modo da relação com o *sujeito*, pois num caso o "sujeito vai se encaixar na técnica", enquanto no outro a "técnica tem que servir ao sujeito". Ora, não há um sujeito idêntico ao qual se possa aplicar sempre uma mesma técnica e a dificuldade do AT encontra-se justamente na singularidade de cada situação ou de cada sujeito. À identidade da técnica (que caracteriza o trabalho do profissional de saúde), Maria Paula contrapõe o AT como trabalho com uma técnica aberta, provisória, ou "possibilidades", e esse contraponto é feito porque a at se refere ao paciente como "sujeito" para o qual a "receitinha pronta" não serve, pois com ela o paciente deixa de ser sujeito.

O discurso, na verdade, apresenta dois tipos de técnica, uma que facilita, pois não se tem de lidar com o inusitado que é trazido pelo "sujeito" (a técnica elimina o sujeito ao prescindir dele), e é esta outra, o AT, que lhe faz o contraponto e na qual a técnica não pode ser definitiva.

Se compararmos o discurso de Maria Dolores e o de Maria Paula notaremos que o sentido da *teoria* não é o mesmo. Para Maria Dolores, a teoria é um conjunto de saberes (que ela não especifica) que auxiliam a captar a complexidade da prática do AT e tornam fácil ser at; para Maria Paula, a teoria se limita a um saber técnico específico, delimitado e fixo que não pode dar conta do AT e do fazer de um at porque ambos estão imersos no inusitado, no inesperado e sobretudo na singularidade do paciente como sujeito.

O AT como vivência

De maneira explícita ou implícita, os discursos trazem a percepção do paciente como sujeito. Isso nos permite explorar as dificuldades e facilidades do AT num outro plano, o da vivência.

> [...] o Acompanhamento Terapêutico, ele *não é* uma *intervenção*... ele *é um acompanhamento*... você está *junto* na situação... então todas as dificuldades que a pessoa tá sentindo... você *tá sentindo junto*... você tá *vivendo junto* [...] então você está *vivendo a infelicidade dela com ela*... então *acho que isso é que é difícil*... né... então por um lado... *é a necessidade constante de você criar meca*... *tirar da cartola (riso leve) assim mecanismos relâmpago*... de ajuda pra pessoa... de suporte... ao sofrimento dela e por um outro lado também essa... *essa... proximidade tão forte que é esse tipo de acompanhamento... em que você está vivenciando JUNTO* com o paciente o próprio sofrimento dele [...] no AT *você está vivendo* a situação com ele, né... (Maria Paula).

Maria Paula começa dizendo o que o Acompanhamento Terapêutico não é – "não é uma intervenção" – para, em seguida, dizer o que ele é – "é um acompanhamento".

O que nos pareceria pouco esclarecedor ou uma simples tautologia – o Acompanhamento é um acompanhamento – vem seguido de uma explicação do que está sendo nomeado como acompanhamento. Acompanhar vem referido ao espaço físico ocupado pelo at, ou seja, é estar próximo, "estar junto", porém a proximidade não é apenas física, mas afetiva, pois o acompanhante "tá sentindo junto". Mais do que isso. Ele "tá vivendo junto" a dor e o sofrimento do paciente. O AT não é uma *intervenção*, é uma *vivência* cuja particularidade é vivenciar com o outro o que é do outro.

No discurso dessa at, a dificuldade geradora de dúvida em relação ao fazer do at nasce da própria definição do AT como vivência, uma "proximidade tão forte" para a qual não se dispõe de anteparos técnicos ou de regras seguras, levando o at a se transformar em mágico para "tirar da cartola [...] mecanismos relâmpago", velozes e imediatos para cercar o inesperado e o inusitado.

Na sequência, Maria Paula explicita por que essa vivência é terapêutica, visto que o Acompanhamento, que é um acompanhamento, é também e, afinal, Terapêutico.

> [...] é como uma postura mesmo de *construção de projeto terapêutico*, né... em que você tem que ter várias ações inusitadas... *pra ajudar aquela pessoa a ganhar autonomia... se incluir socialmente...* então... eu acho que foi... isso daí... tem um *balizamento* em termos... porque *fundamenta* minha atividade como *profissional da saúde mental* como um todo [...] *agora dentro do Acompanhamento Terapêutico... na ação direta ali... no vínculo* [...] *dessa questão do fazer até* [...] *a questão do cuidado... do holding... da sustentação...* sabe... que... vamos dizer... é muito parecido no Acompanhamento Terapêutico... quando *você dá aquela sustentação quase que integral...* né... que ao primeiro momento é como *se você até realmente tivesse uma fusão de corpos...* né... como se o paciente até... te identifica até mesmo como... como *uma mãe suficientemente boa...* sabe... que você é criação dele... e *você deixa ele usar você* como isso pra poder pouco a pouco ir da... ir possibilitando a independência dele, né... a autonomia... que ele vai separando... então eu utilizo isso dentro daquele... vamos dizer... do COMO fazer... o COMO fazer o AT lá *na relação intersubjetiva* eu utilizo muito *esse referencial winnicottiano...* (Maria Paula).

Na vivência, há a "construção de um projeto terapêutico". Esse projeto ou a terapia consiste em "ajudar aquela pessoa a ganhar autonomia... se incluir socialmente". Embora a relação com a paciente seja dita "relação intersubjetiva", portanto, o reconhecimento do acompanhado como sujeito, o projeto terapêutico visa assegurar que o próprio paciente se reconheça como sujeito, pois "ganhar autonomia" significa ser plenamente sujeito. O projeto visa também que o acompanhado seja socialmente reconhecido como sujeito, donde o "incluir-se socialmente". Para realizar esse projeto, apesar da *cartola do mágico*, que aparecia antes, a at afirma que sua prática como profissional de saúde mental tem "balizamento e fundamento: o referencial winnicottiano" do *holding*, da mãe boa que se deixa usar pelo paciente. O encontro e a vivência se realizam, portanto, num lugar trazido por um saber determinado, a psicanálise winnicotiana.

> [...] *você tá vivendo junto* [...] é *diferente* de você estar no *consultório* e ele *te relatar*... você por exemplo pode até ter uma *empatia* ou uma... ou uma... relação *contratransferencial*... com o que ele está te fazendo ou está te remetendo... sei lá... *mas não é a mesma coisa*... você não *está vivendo* a situação... no AT você está vivendo a situação com ele, né... (Maria Paula).

O referencial teórico winnicotiano, entretanto, não introduz uma identidade entre a prática psicanalítica do consultório – transferência, contratransferência, empatia – e o AT, pois "não é a mesma coisa". A diferença é dada pela vivência: "no AT você está vivendo a situação com ele", enquanto no consultório "ele te relata", apenas.

A diferença entre AT e atendimento em consultório, que já vimos aparecer em outros momentos de nossa exposição dos discursos das entrevistadas e que retornou no discurso que acabamos de examinar, volta no de Maria Cristina:

> [...] sem contar *as horas que você fica no AT*, né? Geralmente, *no consultório*, cê tem *um tempo muito mais reduzido*, né? Cê tem lá seus cinquenta minutos, uma hora. *Eu já fiz AT de ficar doze horas com o paciente!*... Então *eu poderia contar doze horas* com um paciente, por exemplo... fazer um relato pra você de um dia de AT com doze horas... de, de *fato é muito exaustivo*, né? (Maria Cristina)

O discurso mostra uma diferenciação entre o consultório e o AT, o que já nos sugere que, para essa at, há um determinado espaço físico que não é ocupado pelo Acompanhamento, qual seja, o consultório. Aqui, essa diferenciação surge quanto à questão temporal, isto é, no consultório, o tempo de permanência com o paciente é limitado, enquanto no AT esse tempo é indeterminado – "eu poderia contar doze horas". Essa indeterminação traz consigo uma consequência que dificulta o Acompanhamento, isto é, o cansaço, que é apresentado nesse discurso com uma palavra que nos mostra a magnitude dos limites a que o profissional do AT é levado: "muito exaustivo".

O extrato a seguir serve para mostrar um pensamento que encontramos nos discursos de todas as entrevistadas

> [...] É... eu acho que é uma... vamos dizer assim... uma das mais... daquilo que mais espeficicf... *especifica mesmo o AT* seria isso... acho que é o *vivenciar do sofrimento no momento em que ele está acontecendo* (Maria Paula).

Todas as entrevistadas apresentam em seus discursos o AT fortemente relacionado às emoções e aos sentimentos dos pacientes compartilhados pelo at, ou seja, como diz Maria Paula, o que especifica o AT e o distingue de outras práticas terapêuticas é o fato de ser uma vivência, o estar junto ao paciente no momento no qual a experiência ocorre. O que também chama a atenção é o fato de essas vivências e emoções serem relacionadas na maioria dos discursos ao sofrimento e, por ser uma vivência, é "o sofrimento no momento em ele que está acontecendo".

A formação para o AT

Maria Aparecida, ao falar da formação para o AT, posiciona-se de maneira singular com o uso do pronome *eu*.

> [...] Então... *eu acho que tem que ter uma formação* para o AT... *mas uma formação voltada para essa especificidade* que o AT já se constituiu como tal e voltada para um aspecto de AT função... (Maria Aparecida).

Seu discurso parte da necessidade da formação – "tem que ter uma" – para, com o emprego da adversativa "mas", determinar a que formação se refere, isto é, "voltada para essa especificidade do AT". Ao dizer "essa especificidade que já se constituiu", a at nos faz depreender que há uma comunidade discursiva para a qual ela está falando e da qual ela supõe que a entrevistadora também faça parte. Ou seja, *a especificidade*, porque é determinada – é "essa" – e já se constituiu, aparece como algo sabido por todos os membros da comunidade discursiva de cujo interior ela fala. A formação, portanto, deve respeitar a especificidade do AT e para tanto precisa destacar um aspecto determinado do Acompanhamento: a "função". A entrevistada, porém, não esclarece qual seria ou o que seria essa função.

> [...] então... *que se tenha formação e que se estimule*... que eu acho *muito importante* com a questão da *formação do terapeuta*... seja ele que vá atuar ou na psicoterapia ou no AT... ou no que for... que é *o tripé... o trabalho pessoal... é a supervisão e o estudo... continuar aperfeiçoando...* (Maria Vitória).

Esse discurso também fala da importância da formação e a apresenta como formação continuada – "continuar aperfeiçoando". Situa o acompanhante como terapeuta, dizendo, dessa maneira, ser importante a "formação do terapeuta". Talvez por situar o Acompanhamento como terapia, essa at chama à cena o *tripé* psicanalítico e descreve a formação tal qual a formação proposta pela psicanálise. Assim, o Acompanhamento Terapêutico e a psicoterapia são posicionados como semelhantes e considerados iguais quanto à formação.

Especificidade – inespecificidade

Podemos observar que, paradoxalmente, os discursos vão apresentando a especificidade do AT como inespecificidade:

> [...] que *precisa de algo* que inclusive coloque... levante essas questões da *especificidade que é desse lugar interdisciplinar*... dessa... desse movimento que existe no ato de acompanhar... as questões que estão envolvidas... os *campos inacabados da formação de cada um*... [...] Né... então... nesse sentido é extremamente importante... (Maria Vitória).

O AT surge aqui como preenchimento de campos inacabados das formações de origem dos profissionais. Assim, essa at, ao falar da formação em AT, qualifica-a de "extrema importância".

Com o uso do pronome indefinido *algo* – "precisa de algo" –, também nesse discurso a *especificidade* do AT aparece como da ordem da inespecificidade. E isso se torna mais evidente porque o AT é apresentado tendo como especificidade a inespecificidade da interdisciplinaridade – "desse lugar interdisciplinar".

É essa perspectiva de um *lugar interdisciplinar* que leva Maria Dolores a afirmar a indistinção entre AT e TO:

> [...] mas a característica principal do AT que é isso assim de viver, de vivenciar, experienciar e acompanhar, isso eu acho que todos os TOs fazem (Maria Dolores).

A interdisciplinaridade pode ampliar a gama de profissionais do AT:

> [...] eu vejo que o AT é uma *ação interdisciplinar* e que ele pode ser desenvolvido por *vários profissionais... não é só um tipo de profissional... não é só* o psicólogo... não é só o... sabe... acho que são vários... acho que pra *qualquer profissional de saúde... de forma geral... profissional das ciências humanas*... eu acho que também se daria muito bem nisso... eu acho que são esses os pares... enfermeiros... médicos... psicólogos... terapeutas ocupacionais... *sei lá*... assistentes sociais... (Maria Paula).

O "sei lá..." de Maria Paula, ao colocar uma ampla gama de profissionais a quem a at reconhece como pares, mostra também o inespecífico.

Assim, mais uma vez deparamos com a generalidade, pois aqui o Acompanhamento é apresentado como "ação interdisciplinar". Após a amplitude apresentada pelas palavras "interdisciplinar" e "vários", há o uso do advérbio de negação "não", que é empregado para mudar o sentido do denotativo de exclusão "só". Dessa maneira, aquilo que serviria para delimitar os pares da entrevistada no AT, na realidade, prestam-se a mostrar o contrário e, assim, "não é só" significa que *são vários* e a at desfia uma lista que não tem limitação.

A indeterminação também surge de outras maneiras, como podemos observar no extrato a seguir:

> [...] *não ter uma técnica definida*... né... você não tem uma... uma... *não constitui uma técnica... você tem várias coisas* que você pode estar constituindo. Um curso de Acompanhamento Terapêutico envolve vários conhecimentos... *mas não é um conhecimento técnico definitivo*... olha você vai fazer acompanhamento... se faz assim e depois você faz assim... ou seja... não... *é um conhecimento humano*... né... que você tem que... se... se alimentar... para poder atender um outro ser humano... mas *são conhecimentos do humano*... não são conhecimentos tecnificados, né... então *eu acho que outra especificidade é esse... essa... essa possibilidade de você lidar com o inesperado e ter que dar ali, dar uma resposta humana e não técnica...* [...] mas acho que *a outra especificidade é essa... é que você tem que dar um outro tipo de resposta... mas é uma resposta inesperada... inusitada...* e não uma coisa que está lá dada, né... por uma técnica especificada... acho que essa é uma outra especificidade do AT... (Maria Paula).

O discurso primeiro apresenta a negação, o AT "não tem", "não constitui" uma técnica específica. Por meio da adversativa "mas", a at contrapõe "vários conhecimentos" a "uma técnica definida" ou a "conhecimento técnico definitivo", o que nos leva, como nos discursos anteriores, à ausência de delimitação e à indeterminação. A at apresenta três especificidades do AT: ser um "conhecimento do humano", ter "a possibilidade de lidar com o inesperado", ser capaz de dar uma "resposta inesperada... inusitada". Enquanto uma técnica específica prevê e determina o que se deve fazer em cada caso e no decorrer de um caso, o AT opera com a técnica de maneira a poder improvisar, inventar, pois lida com o inesperado e o inusitado, que é um dos elementos definidores da especificidade. Como se observa, a especificidade se define pelo negativo, isto é, não ser uma técnica fixa ou definitiva, mas que é tão geral que se torna inespecífica.

Há, porém, um aspecto interessante nesse discurso. Em outros discursos encontramos referências ao inusitado e inesperado com o qual o at precisa lidar, pois é o paciente que os traz; no entanto, aqui vemos surgir um elemento a mais: o inusitado e o inesperado também devem fazer parte da ação do próprio at, ou seja, ele também portador do inesperado e do inusitado. Para a at, resposta humana é resposta inesperada, inusitada.

Vemos a indeterminação aparecer na própria forma de se referir ao AT, como a seguir:

> [...] eu comecei a fazer AT... comecei a me interessar por *isso* já faz bastante tempo [...] ouvi falar que tinha *isso aí* [...] eu me interessei bastante porque é *uma coisa* bem próxima a algumas *atuações* da própria terapia ocupacional... eu via que era bem próximo... então... *sai muito pra ir na casa do paciente... sai também pra ir, pra ir ajudar* o paciente em supermercado... em banc... assim uma *certa coisa*... e aí eu me interessei, né, por *isso aí* [...] aí começou a vim *essa coisa do AT* [...] muito perto desse primeiro atendimento... que eu fiz [...] eu, eu parei de fazer... de exercer o AT [...] Que eu via a necessidade... assim... *desse procedimento terapêutico... desse procedimento clínico...* [...] o AT já tinha sido *aplicado* antes dessa forma... (Maria Paula).

O AT é nomeado como "isso", "isso aí", "essa coisa" e identificado a uma prática, uma "atuação", um "procedimento terapêutico", "um procedimento clínico".

Embora o AT apareça como um *isso*, o discurso procura oferecer a especificação das atuações – ir à casa do paciente, sair com o paciente; porém, os procedimentos terapêuticos e clínicos, vistos como uma *necessidade*, aparecem apenas sob a generalidade do verbo *ajudar*.

Ao examinarmos a maneira como as entrevistadas designam seus lugares, havíamos observado que elas se apresentam como mediadoras e empregam a palavra *ponte* como ação própria do AT. Vimos também que todas elas enfatizam como uma das especificidades do AT o *sair* e o *incluir*, os quais exigem a construção de redes sociais.

> [...] só que foi aparecendo assim *uma carência imensa de criação de redes sociais* [...] Então, *um dos outros objetivos* que a partir da... da dos acompanhamentos mesmo que a gente começou a identificar que era a *criação de alguma rede de suportes* pra essas pessoas, que aquilo começasse a fazer sentido na vida dele... Então assim *os Acompanhamentos começaram a ajudar os pacientes a se incluírem* [...] *a gente fez essa ponte* de levá-lo até lá, até ele se vincular para na alta... Então a

gente começou a *fazer o Acompanhamento Terapêutico nesse sentido... de facilitação da alta* e com o objetivo também de fazer ele *se incluir no tratamento comunitário e não voltar a internar...* (Maria Paula).

A especificidade do AT é dada por seus objetivos: facilitar a alta, impedir a reinternação, incluir socialmente; e o at é a "ponte" para a realização desses objetivos.

O sair implica também que o espaço de onde se sai ou para o qual se sai seja especificado e por isso o AT aparece como uma ação específica no espaço público:

> [...] e acho que tem outras... que é *essa coisa da apropriação do público... do espaço público...* né... que possibilita... né... não é só... *não é só circular...* acho que é uma apropriação dos espaços públicos pra pessoas que foram excluídas desse espaço, né... então é *uma reapropriação...* então não é só uma circulação... e também é uma especificidade... e... acho que é isso... né...

A especificidade é dada pela natureza do sair: o sair não é um mero circular pelo espaço aberto, "não é só circulação", e sim "apropriação dos espaço públicos" por aqueles que dele foram excluídos e por isso, mais do que uma apropriação, é uma *reapropriação*. Sair significa ser incluído no espaço comum. No entanto, mesmo essa especificidade não está determinada, pois não há menção do tipo de ações que permitem alcançar esse objetivo, tanto assim que a ideia da apropriação do espaço público aparece como "essa coisa".

Estamos observando, portanto, que a delimitação da especificidade do AT não é clara para as entrevistadas. O extrato seguinte é revelador:

> [...] Porque eu acho que é isso, *essa circulação, essa flexibilidade,* essas *múltiplas possibilidades* de tá junto de muitas formas assim, *não é só uma forma de se estar junto, são muitas, muitas formas possíveis de tá junto,* em muitos lugares, muitos contextos... é... estimular as pessoas no contexto real de vida delas mesmo assim... é pensar *a organização do cotidiano no cotidiano,* né? Pensar as dificuldades quando se está vivendo junto com as pessoas aquelas dificuldades ou as facilidades, observar e poder dizer: "tá vendo como é isso?" *É viver junto mesmo a situação,* né? E *é acompanhar no sentido de ser companhia mesmo* assim... pras vivências, pras experiências. Eu acho que a gente experimenta junto as coisas mesmo, *acho que isso é característico desse tipo de atendimento* assim (Maria Fernanda).

Circulação (sair), flexibilidade (recusa de uma técnica fixa e definitiva), muitas possibilidades (diante do inesperado e do inusitado), a multiplicidade de formas do estar junto (o encontro, a vivência, o vínculo afetivo): este rol de características, que de certa maneira sintetiza os discursos que examinamos, apresenta a especificidade do AT com um alto grau de inespecificidade e generalidade. A delimitação que surge no discurso é de tal ordem genérica que é impossível pensar em limites: são "múltiplas possibilidades, muitos contextos, muitos lugares", e mais ainda, pois ele se refere à *vida* – "o contexto real da vida". O que é mostrado como especificidade é o estar com a pessoa no seu cotidiano, vivendo tanto as dificuldades como as facilidades, ou seja, o indeterminado.

Isso pode explicar por que as entrevistadas procuram assegurar que a especificidade existe.

> [...] mas que *está criando um corpo interessante no momento atual...* que *essa coisa* da... da... da... da *conformação do AT como especialidade... como função...* haja vista o *curso de especialização...* as formações... então se a gente pensar... [...] *então aí a gente vai referenciar essa prática...* (Maria Antônia).

Aqui, a especificidade – "essa coisa da especificidade" – vem sendo construída, como atesta a existência de "curso de especialização". A especificidade é a "conformação do AT como especialidade... como função". Quando esta estiver determinada, "então aí a gente vai referenciar essa prática".

> [...] o *AT já tem uma propriedade...* e é isso que *a gente tem que mostrar para aqueles que ainda não conhecem..., uma ação terapêutica de ajuda* e que podem despertar para isso... ou querer fazer... ou não querer fazer... ou precisar disso... sabe... então, assim... a gente realmente assim... *apropriar desse lugar que a gente... sujeito constituinte dessa prática...* (Maria Vitória).

O discurso apresenta o AT como tendo uma "propriedade", algo que lhe é próprio e que não é percebida por aqueles que não o conhecem – "uma ação terapêutica de ajuda"; e os ats precisam se apropriar disso que lhes é próprio, pois eles são os criadores dessa prática: "a gente... sujeito constituinte dessa prática".

O caráter terapêutico do AT

Na fala de profissionais que o exercem, o AT traz para seu âmbito de ação o caráter terapêutico do trabalho com a clientela/sujeito-paciente.

[...] ele vai lá *e interna num momento de crise...* quando o serviço *extra--hospitalar* não deu conta desse, dessa crise... foi uma crise muito grave... então ele é encaminhado para *internação hospitalar...* Aí ele fica nesse período e depois sai... Tem uma outra parte do hospital que... que é uma parte formada por moradores... são antigos os pacientes... *daqueles da era ainda manicomial* [...] Então também a proposta desse curso, né, para a gente instrumentalizar os... as pessoas que trabalham... técnicos que trabalham nessas unidades *para que esses pacientes possam ir pra fora...* [...] eles vão *morar em residências terapêuticas...* Então *a proposta é fazer esse curso para que o pessoal utilize essa tecnologia do Acompanhamento Terapêutico pra ajudar esses pacientes a ganhar autonomia...* [...] A proposta inicial era fazer um Acompanhamento Terapêutico nas altas licenças de alguns pacientes que fossem detectados pela equipe de setor... que tava com um processo complicado... por exemplo... é que fosse detectado alguma problemática *familiar...* de *rejeição...* [...] só que foi aparecendo assim uma carência imensa de criação de *redes sociais...* assim estavam *excluídos* de qualquer *rede social...* até da *família...* mas além da família eles não tinham nenhum tipo de coisa... tinham uma *vida* absolutamente *sem sentido...* [...] da dos acompanhamentos mesmo que a gente começou a identificar que era a *criação* de alguma *rede de suportes* pra essas pessoas que aquilo começasse a fazer *sentido na vida* dele... Então assim os Acompanhamentos começaram a *ajudar* os pacientes a se *incluírem...* [...] ele começou a fazer parte e a gente fez essa *ponte* de levá-lo até lá até ele se vincular para na alta... Então a gente começou a fazer o Acompanhamento Terapêutico nesse sentido... de *facilitação da alta* e com o objetivo também de fazer ele se *incluir* no tratamento comunitário e não voltar a *reinternar...* então esse passou a ser o objetivo central do Acompanhamento no *hospital...* [...] e a equipe discute... detecta *casos* que estão *complicados...* [...] então a gente faz o Acompanhamento Terapêutico... (Maria Paula).

Ponte, inclusão, suporte extra-hospitalar, ajuda: reencontramos os temas que caracterizam o AT nos discursos das entrevistadas: o Acompanhamento Terapêutico é algo que tem a ver com "ajuda", com "inclusão", "exclusão", com "ser ponte", com "redes sociais", "rejeição", "família", "vida sem sentido", "suporte", "facilitação da alta", "hospital", "não reinternação", "casos complicados", "crises" e superação da "era manicomial". Esse conjunto de aspectos e ações conferem ao Acompanhamento seu caráter Terapêutico – "a tecnologia do Acompanhamento Terapêutico". Visto que a ação do acompanhante se inicia depois que casos complicados ou problemáticos foram detectados nas instituições hospitalares ou asilares, o caráter terapêutico do AT está articulado a uma dimensão clínica, com a peculiaridade de situar-se para além da era manicomial.

No discurso de Maria Aparecida, o AT aparece não apenas com uma dimensão clínica, mas como uma clínica própria:

> [...] mas a experiência de você *construir a relação no próprio AT* [...] quando eu estou *nessa clínica* [...] A relação que a gente estabelece... né... a *clínica que é o próprio ato de você estar em contato com uma pessoa que tem necessidade do seu cuidado terapêutico*... que você tem um objetivo a atingir naquela *relação terapêutica*... que é a favor daquilo que faz sentido para o sujeito atendido... então *a clínica nesse aspecto de criar uma relação entre dois sujeitos que têm suas histórias... têm suas próprias relações com o mundo* e que vai estar imbricado ali naquele processo... sabe a *clínica como processo* mesmo... *como esse ato de atender... de estar junto...* de estar ao lado... de acompanhar... né... e de também nesse processo... se a gente pegar *aquela configuração de clínica que faz diagnóstico... levanta os dados... você vai estar fazendo isso...* né... *mas é dentro de um processo...* não tem assim primeiro... claro... tem um momento em que *você está no início da constituição de um vínculo...* [...] porque você vinculou... você estabeleceu uma aproximação maior... promoveu aspectos de estar mais fortalecedor do vínculo... vamos dizer assim... mas *esse próprio processo é a clínica...* essa constituição do ato de atender... de olhar... levantar as dificuldades do que que a pessoa tem... o que que tem por detrás daquilo... esse constante olhar e o se sentir influenciado... o assim... *afetado* pelo outro... o que está sendo atendido ele te afeta... e aí você estar atento pra isso... *lidar com a contratransferência* que aparece... todas essas... (Maria Aparecida).

O AT é apresentado como uma "clínica", definida pela entrevistada como algo que se constrói na relação com o paciente, pois ela é o *ato* de estar em *contato* com quem *necessite* e um processo de diagnóstico e de criação de um vínculo em que os participantes são afetados um pelo outro – "esse próprio processo é a clínica". A clínica é uma "relação terapêutica", e a clínica do AT *é a favor daquilo que faz sentido para o sujeito atendido*. Por esse motivo, a at afirma que o AT diagnostica, mas não à maneira da clínica tradicional, ou seja, o diagnóstico não antecede a terapia, mas faz parte dela, "é dentro de um processo". Este é nomeado como "a constituição de um vínculo [...] uma relação entre dois sujeitos que têm suas histórias... têm suas próprias relações com o mundo". A clínica do AT é definida como "esse ato de atender... de estar junto... de estar ao lado... de acompanhar". Podemos observar que os conceitos de relação (encontro, vínculo) e terapêutica (clínica) se superpõem e ganham significações praticamente superpostas, ou seja, há a tentativa para explicitar uma nova ideia de clínica.

> [...] *a clínica é importante...* Ele precisa de medicamento? Precisa... Ele precisa participar de grupo? Precisa... Ele precisa de atendimento individual? Precisa... *mas além disso ele precisa ter sentido na vida dele lá fora* [...] a gente tem muito a proposta de levar essa prática... do AT... de ver o que faz sentido pra vida dele... (Maria Paula).

Diferentemente do discurso de Maria Aparecida, que procura definir o AT como clínica e para isso busca redefinir a noção de clínica, Maria Paula toma a clínica no seu sentido tradicional ou usual. Essa clínica surge no discurso como *importante*, relacionada à medicação, à participação em grupos ou a atendimentos individuais. Depois de admitir essa importância, a entrevistada introduz a adversativa "mas" e um "além disso" que assinalam a insuficiência da clínica – "mas além disso ele precisa ter sentido na vida dele lá fora". O AT se situa, portanto, nesse além da clínica, o que significa que o adjetivo "Terapêutico" não é sinônimo do adjetivo "clínico".

Há discursos que apresentam pouca diferença entre o AT e um determinado tipo de clínica, a clínica psicológica.

> [...] *diferença entre a clínica... psicológica e... Eu vejo pouca diferença... vejo muito pouca diferença...* né... *eu* acho que, ahn, isso é uma discussão, eu acho que isso é uma questão que *poderia fazer interdisciplina*, ahn, porque às vezes a gente encontra *algumas diferenças, porque é um lugar onde o paciente se dirige até o seu consultório, por exemplo...* né, e quando a gente... tá... a gente é at de alguém *a gente se dirige até esse alguém... né, a gente faz um outro caminho*, né, o que a gente encontra muitas vezes são pacientes que precisam de um *acolhimento, ahn... digamos mais... flexível... no cotidiano, né?* Não que a gente não acolha o cotidiano do paciente no consultório, você acolhe o tempo inteiro, mas dificilmente você vai, ahn... sentar no, no divã e o paciente vai deitar no seu colo... no consultório, por exemplo... *isso é o manejo, esse é um holding...* na verdade que a gente dá tanto no consultório quanto no AT, mas *no AT isso é muito mais comum...* acontecer do que um paciente pedir colo pra você, de fato. [...] Né? Então *são poucas as diferenças, o que... eu acho que a grande diferença é no manejo... principalmente no manejo do corpo, né?... do corpo do analista ou do at, né, do que outra coisa.* A gente se permite

mais *emprestar o nosso corpo, físico ao paciente de AT...* né? Porque *para o paciente da clínica a gente empresta o nosso corpo, mas de um outro jeito...* acho que seria desse jeito menos físico, né? (Maria Cristina)

Maria Cristina monta uma cena em seu discurso que vai do "eu", ou seja, seu posicionamento singular, até "a gente", quando então aparece inserida em uma comunidade discursiva. O "eu" vê pouca, "muito pouca" diferença entre o AT e a clínica psicológica; em contrapartida o "a gente" encontra algumas diferenças, às vezes. Entretanto, essa pouca diferença acaba se relacionando, nesse discurso, à interdisciplinar, ou seja, clínica psicológica e AT se misturam numa prática interdisciplinar.

Apesar de o "eu" não ver diferenças entre AT e clínica psicológica, pois ambos são formas de acolhimento do outro, o "a gente" assinala algumas diferenças do ponto de vista da prática: em primeiro lugar, na locomoção, isto é, na clínica psicológica o paciente vai ao consultório, no AT, o at vai ao encontro do paciente; em segundo, a clínica psicológica se realiza num espaço fechado, no AT predominam os espaços abertos; em terceiro, o "manejo do corpo", isto é, na clínica psicológica não há contato físico com o paciente, no AT sim. Aliás, como já vimos, essa referência ao corpo é reiterada em todas as entrevistas. Os discursos das entrevistadas se referem a pegar, segurar, dar colo, conter fisicamente, atos que raramente veremos ocorrer em um consultório de psicologia, a não ser, diz uma das entrevistadas, "quando houver risco de agressão".

Já o discurso de Maria Dolores apresenta o atendimento feito em consultório e o AT como diferentes.

> [...] acho que é *bem diferente* se você for comparar numa intervenção num lugar fechado, num consultório. Eu acho que é *muito mais fácil estabelecer o vínculo no contexto real de vida da pessoa*, ela tá ali te mostrando a *vida real*, de *verdade* assim, não tá te contando, *escolhendo* aquilo que ela pode te *contar*. Você tá *assistindo, presenciando o dia a dia dela mesmo*, como ela se relaciona... é... Eu acho que isso facilita, conhecer essa pessoa melhor e conhecendo melhor eu acho que *você consegue se aproximar com uma outra qualidade* assim e ela também vai te ver de um outro jeito assim... é... porque se ele tá indo lá pra te contar as angústias *no consultório é bem diferente se você tá tomando café com ele na casa dele*, né? (Maria Dolores).

A at começa dizendo que é "bem diferente". A diferença entre consultório e AT é apresentada pela oposição entre "escolhendo o que contar" (no consultório) e "vida real, de verdade". O paciente vai ao consultório e escolhe o que dizer, mas no AT isso não acontece porque o at está "assistindo, presenciando o dia a dia" do acompanhado. Essa diferença é considerada positiva, tanto porque "facilita" quanto porque melhora a qualidade do conhecimento que o at passa a ter do paciente – "conhecer essa pessoa melhor e conhecendo melhor eu acho que você consegue se aproximar com uma outra qualidade". Mas não só isso. A diferença é positiva para o próprio acompanhante, que passa a ser visto de outra maneira pelo acompanhado: "ela [a pessoa] também vai te ver de um outro jeito".

AT e Reforma Psiquiátrica

Um dos temas que surgem nos discursos é relativo à luta antimanicomial. Desse modo, encontramos desde aqueles discursos que mostram total ligação com essa questão até os que veem o tema com distância.

> [...] *se não existisse a Reforma Psiquiátrica o AT nunca ia poder existir*. É... a partir da Reforma foi possível pensar outros modos de considerar *as pessoas em sofrimento*, as pessoas *em* sofrimento podem ser sujeitos, *podem ser... podem ter desejos, podem ser investidas...* é... pensando em todos os âmbitos da vida e dentro de um *pensamento médico*, de um pensamento que *reduz* as pessoas e que deixa elas *enclausuradas* sem ter *direito* a um nome, sem ter *direito* a nenhum contato com o mundo é *difícil* estabelecer esse tipo de *contato* assim... Eu acho que tem a ver com esse modo de pensar que é *superpossível* fazer *AT em instituições*, mas eu acho que depende de um pensamento... é... que é bem *característico da Reforma* assim... (Maria Dolores).

Esse discurso atrela a existência do AT à existência da Reforma Psiquiátrica: sem esta, aquele nunca seria possível: "se não existisse a Reforma Psiquiátrica o AT nunca ia poder existir". Somente com a Reforma foi possível pensar "de outros modos as pessoas em sofrimento psíquico".

Esses *outros modos de pensar* são aqueles que consideram o paciente como pessoa, portanto, capaz de desejo e de investimento. É interessante notar que a at fala da pessoa "em" sofrimento, o que sugere um estado, e não a condição da pessoa em seu ser próprio.

Maria Dolores mostra em seu discurso dois pensamentos opostos. Um deles, que impede as potencialidades e dificulta o contato, é o "pensamento médico... que reduz... enclausura" e destitui as pessoas de seus "direitos"; o outro pensamento é "característico" *da Reforma*. Este segundo modo de pensar é o que torna possível o *AT em instituições*.

> [...] eu *entrei pra luta antimanicomial antes de começar a fazer o AT* [...] e quando eu comecei a ver... a estudar o AT... eu comecei a me *interessar* por essa... *esse procedimento clínico exatamente porque ele era antimanicomial... antimuros...* ele era para o fora... para... e depois... aí *quando eu comecei a estudar... eu vi que realmente ele tem uma conexão...* porque ele... ele... *nasce,* eu acho que dentro dessas várias iniciativas que foram surgindo com esses *movimentos* de *Reforma Psiquiátrica...* né... ele *num nasce assim do nada...* ele... ele foi nascendo de coisas que foram sendo pensadas depois que se questionou o *asilamento definitivo* do doente psiquiátrico... então ele foi pensado uma coisa de *botar o sujeito pra fora mesmo...* então foi uma das iniciativas das várias iniciativas que surgiram como resposta a essa necessidade de *desmanicomializar* o doente mental, né [...] eu acho que *o AT não teria surgido se... se não tivesse surgido uma necessidade de romper com... com o manicômio,* né... então ele surge como resposta a isso, eu acho... (Maria Paula).

Como Maria Dolores, também Maria Paula considera que sem a Reforma Psiquiátrica não teria sido possível o surgimento do AT, o que ela percebeu em dois momentos: inicialmente, quando começou "a fazer AT" e, em seguida, quando começou "a estudar". O AT tem, portanto, data e local de origem, "não nasce assim do nada", ele nasce de questionamentos, de "várias iniciativas" contra o "asilamento definitivo" e em favor de "botar o sujeito pra fora".

> [...] eu descobri o AT... é... *essa prática chegou até mim através do conhecimento de umas pessoas da luta antimanicomial... A luta antimanicomial exatamente assim... eu acho que não tem ligação com a prática do AT... porque ela é um movimento dentro de um processo maior que é todo esse questionamento do atendimento à saúde mental... mas eu vejo uma relação com o questionamento às formas de atendimento na saúde mental sim... a psiquiatria...* né... a nova maneira de se olhar a ideia do manicômio... né... ou assim... ou como desconstruir os manicômios que existem *dentro* de cada um... por conta de todo esse aspecto histórico e cultural... então tem sim... porque o *AT* vai trabalhando numa direção que quebra esses paradigmas... ele *vai rompendo paradigmas...* o próprio ato... vai rompendo paradigmas da *própria pessoa* lá que... nossa... oh... sabe... tinha um jeito e pode descobrir que tem outra possibilidade... né... e aí eu acho que o AT vai bem... vai bem nessa direção mesmo... *então tem mesmo relação...* eu acho que a gente pode dizer que tenha fatos históricos desse processo... os auxiliares

> psiquiátricos... os leigos... as pessoas que faziam essa... essa coisa de cuidador doméstico... então acho que são todos... os recreacionistas são figuras que vieram aí trazendo a figura do acompanhante terapêutico... tem um histórico aí... então acho que tem *total relação*... [...] Eu vejo... vejo... é assim... inclusive meu próprio trabalho como *um trabalho dentro da Reforma Psiquiátrica*... (Maria Aparecida).

É pela adversativa "mas" que surge a relação do AT com a luta antimanicomial. Essa relação aparece no discurso por uma dessas equações que vão ligando termos. Assim, "luta antimanicomial" se liga com "questionamento da saúde mental", que por sua vez se liga com o AT e, dessa maneira, fechando o círculo, AT se liga à luta antimanicomial – "um trabalho dentro da Reforma Psiquiátrica". Ou seja, a ligação entre AT e luta antimanicomial não é imediata (como para as duas entrevistadas anteriores), e sim mediada por um movimento mais amplo de questionamento da saúde mental, em particular da psiquiatria, que suscitou o aparecimento de figuras como o cuidador doméstico, o recreacionista e, por fim, o acompanhante terapêutico. Visto por essa mediação, "então tem mesmo relação [...] tem total relação" com a Reforma Psiquiátrica.

Essa reação é *total* porque, como a Reforma, o AT é tido também como algo que "rompe paradigmas", e essa quebra não é apenas externa, e sim interna, pois é o "desconstruir os manicômios que existem dentro de nós".

> [...] então é que o *AT surge diante da Reforma Psiquiátrica... é... mas* eu tenho um processo de... uma experiência profissional que foi voltada não tão dentro da *saúde mental*, então eu vejo que o AT apesar de ter sido construído a partir daí, da saúde mental, da reforma psiquiátrica, do atendimento a psicóticos... é... eu entro num momento em que eu não vivencio isso, né? Porque *a minha prática é a área social*, então eu *tenho um olhar muito mais voltado pra questão social do que da Reforma Psiquiátrica em si, que tá dentro dessa questão da área social* também, porque se a gente for pensar na área social ela também é... é... *se funda a partir de algo muito parecido*, né? Outras pessoas necessitam de outras visões, de saber seus direitos e deveres, enfim é... meio *ambíguo no mesmo jeito que eu acho que não está, está porque a questão da Reforma Psiquiátrica foi uma revolução pro mundo,* assim não só pra área da saúde mental, mas pra diversas outras áreas. Mas hoje *dentro da minha prática profissional eu volto muito mais o AT prum olhar mais amplo* do que apenas pra essa questão da saúde mental. Eu vejo um lado que vai além da saúde mental ou contrário que a *saúde mental tá ligada a todas outras áreas da nossa vida* (Maria Isabel).

O discurso propõe uma distância entre saúde mental/Reforma Psiquiátrica e área social, embora a entrevistada também considere que o AT nasce da Reforma Psiquiátrica. A "área social" surge como algo mais amplo que engloba a saúde mental e, portanto, o AT. Entretanto, a própria entrevistada vai perceber seu discurso como ambíguo, pois diz que "ao mesmo tempo... não está e está", ambiguidade vinda do fato de a Reforma ter sido "uma revolução para o mundo". Dessa maneira, a amplitude social da Reforma Psiquiátrica situa a saúde mental na área social – "a saúde mental tá ligada a todas outras áreas da nossa vida". Dessa maneira, para "um olhar mais amplo", a diferenciação de social e saúde mental se desfaz porque uma engloba a outra e vice-versa.

> [...] Acho que isso da luta *antimanicomial é uma questão bastante importante, mas* que... nunca... *eu nunca levantei nenhuma bandeira...* nunca fiz parte de grupos levantando bandeira... né? [...] Eu acho que quem tem *uma disposição mais social*, né? *Essa preocupação é mais social*, então eu acho que cê vai ter um discurso que caminha pra isso, né. Se você tá mais preocupado com a *condição humana em si*, esse discurso é outro, né? Então, eu acho que tem... *tem muita diferença... do ponto de vista de se pensar o AT*, né? Como... ahn... *que relação você estabelece com seu paciente...* (Maria Cristina).

A luta antimanicomial é posicionada por essa at como social – "Essa preocupação é mais social" – em contraposição à "condição humana em si". O AT enquanto ação dessa at aparece em seu discurso desligado tanto da luta antimanicomial como das questões sociais – "tem muita diferença... do ponto de vista de se pensar o AT" – porque este se volta para a relação que um at "estabelece com seu paciente". O AT situa-se nas relações intersubjetivas, e não nas relações sociais, e a luta antimanicomial está situada nestas últimas. Por isso a at declara "nunca levantei nenhuma bandeira" para indicar a diferença entre uma luta social e o trabalho humano do Acompanhamento.

Propostas e metas do AT

Podemos observar, nos trechos a seguir, como os discursos apresentam a diversidade do fazer do AT também em termos de suas propostas e metas

> [...] Só que naquela proposta de, *pontual do hospital...* que era *encontrar algo* para ele se *incluir... encontrar* um *sentido* e aí ele ter alta... [...] por isso que ele é *bastante pontual...* tem uma outra... [...] ele ia ter *uma proposta um pouco diferente daquela proposta mais tradicional... aquela* que vinha sendo construída pelos primeiros ATs mesmo...

que eram *atendimentos às vezes muito prolongados com várias construções, vamos dizer... ali entre a dupla*, né... mas era uma coisa bastante pontual... [...] mas *ele estava bastante delirante... no sentido de montar ideias a respeito da própria vida...* que estavam *bem fora do contexto de realidade...* compartilhada... vamos dizer assim... daquilo que poderia ser feito... poderia ter conseguido em pouco tempo... inclusive... *pode ser que se esse Acompanhamento Terapêutico fosse sem data para terminar... até fosse viável ajudá-lo a ser arquiteto...* Só que naquela proposta de, pontual do hospital... que era encontrar *algo* para ele se incluir... encontrar um *sentido* e aí ele *ter alta...* não dava tempo... entendeu? (Maria Paula)

O discurso narra uma relação de AT em que o paciente espera mais do que seria possível por se tratar de um AT chamado por Maria Paula de "pontual do hospital", que ela contrapõe a um outro, "mais tradicional", que vinha sendo construído "pelos primeiros ATs". A proposta "tradicional" aparece referida pelos pronomes *daquela, aquela*, sem nenhuma explicitação, o que sugere que a at supõe um conhecimento por parte da entrevistadora sobre aquilo a que ela está se referindo.

O uso de termos como "algo para se incluir" ou ainda "encontrar um sentido", que, pelo conjunto das entrevistas que já examinamos, caracteriza todo e qualquer AT, torna compreensível por que Maria Paula se refere a dois ATs, explicitando a necessidade de diferenciá-los. A proposta "pontual" é descrita como algo delimitado no tempo (com data para terminar), no espaço (o hospital) e no objetivo (ter alta). Em outras palavras, o objetivo "pontual" é limitado – "ter alta" – enquanto o tradicional, no caso narrado, é ajudar o paciente "a ser arquiteto", objetivo irrealizável porque o AT realizado é o "pontual". Donde a afirmação de que o paciente, que não desejava simplesmente ter alta e ser ajudado a tornar-se arquiteto, tornar--se "bastante delirante" e "fora da realidade".

[...] o *objetivo* vai ser aquilo que *vai fazer sentido* pra *vida da pessoa...* então se a gente pensar em inclusão... *que inclusão vai fazer sentido pra ele...* né... porque às vezes a gente fala de inclusão... parece que assim... ele não está trabalhando... ele tem que trabalhar... ele está em tal coisa... ele tem que plantar coisa... ele não sai de casa... ele tem que sair de casa... ele não está na escola... ele tem que ir pra escola... então por si só não é processo de inclusão... *a inclusão é aquilo que ele pode se abrir de si próprio no contexto onde ele está...* uma *relação diferenciada* com a família... com um ente da família ou do seu próprio local de trabalho... porque a pessoa pode ter uma função...

> ou... sabe... com a vida... então a gente tem que estar olhando para o que faz sentido para a pessoa... então *o objetivo*, ele *vai sendo alcançado na medida em que junto com essa pessoa... ele mesmo vai demandando até onde chegou...* o que aconteceu... e isso você pode ir trabalhando *dentro do processo... você* pode *promover situações em que você possa fazer essa avaliação a partir da própria pessoa...* deixar o espaço... do que ela acha... do que que mudou... do que que não mudou... da própria experiência dela... isso vai aparecendo no processo... *então o objetivo vai por esse aspecto aí... então a busca do sentido... do sentido da meta ser alcançada pela pessoa...* né... *pela pessoa, e não o que você acha que ela tem que alcançar...* (Maria Aparecida).

Maria Aparecida apresenta o que ela entende por objetivo do AT com os mesmos termos que encontramos nos discursos sobre todos os aspectos do AT, ou seja, o objetivo é o que "faz sentido pra vida da pessoa, e não o que você acha que ela tem que alcançar". A expressão *o que faz sentido para a pessoa* ganha aqui um sentido muito preciso: o AT tem como objetivo a inclusão, mas esta não é aquela que se pode imaginar à primeira vista ou a inclusão imaginada pelo senso comum (trabalho para o desempregado, escola para a criança, etc.), e sim aquela que "faz sentido pra vida da pessoa", é encontrar dentro de si algo que leva a estar realmente com os outros ou pelo menos com alguns outros. O AT é um processo em que se promovem situações nas quais a pessoa possa "se abrir" e o acompanhante possa avaliar qual é a inclusão desejada. O objetivo ou a meta do AT é, assim, determinado pelo objetivo ou pela meta do próprio acompanhado. Há, assim, dois agentes: a acompanhante, que *promove situações* e *avalia*, e o acompanhado, que determina por si mesmo sua meta.

Isso nos dá pistas para entender as ideias de dar sentido à vida, de desejo e de autonomia que as entrevistadas usam constantemente. Seus discursos parecem mover-se em generalidades, mas, na verdade, as ats estão tentando entender o significado da sua prática e é isso que, finalmente, é chamado por elas de *ético* e que o AT é *essencialmente uma ética*. As falas das ats são um dizer que busca algo que supere a violência (familiar, social ou psiquiátrica).

> [...] Aí eu *expliquei* pra ele qual era *a proposta do trabalho*, o que a gente ia fazer... é... e *ele topou, foi muito bacana assim...* (Maria Fernanda).

Nesse discurso, vemos também dois agentes: a at que propõe e o acompanhado que *topa*. No entanto, o discurso dessa at mostra um outro modo de o Acompanhamento se iniciar. De fato, para que ele se inicie, a at diz que *explicou* a proposta de trabalho e essa maneira de começar um AT é distinta de grande parte dos discursos das ats que apresentam o Acompanhamento feito na parceria com o paciente, ou seja, o que vai ser feito é combinado entre os parceiros acompanhante/acompanhado, levando-se em consideração o desejo do acompanhado. Aqui surge um elemento novo: o Acompanhamento aparece como um trabalho a ser compreendido, ou seja, o entendimento não se dá espontaneamente, há a necessidade de uma explicação, dada pela at, que, portanto, se relaciona inicialmente com a inteligência do paciente. Tendo compreendido, ele *topa*, isto é, seu desejo se mobiliza.

Isto nos chama a atenção para a diversidade do AT que vem sendo apresentada pelos discursos e que, inclusive, como vimos, foi explicitada por Maria Cristina quando em seu discurso diz que cada at faz uma coisa diferente de outros ats.

> [...] Então... é como eu te falei... é... é... eu... a gente começou a pensar *o Acompanhamento Terapêutico como um dispositivo*... é... pra *compor um projeto dentro da reabilitação psicossocial*... então a gente pensou muito o AT dentro desse referencial... *mas também a reabilitação psicossocial não constitui um referencial teórico dado... ele só coloca... ele foi surgindo...* é... *é como uma postura mesmo de construção de projeto terapêutico*, né... em que você *tem que ter várias ações inusitadas... pra ajudar aquela pessoa a ganhar autonomia... se incluir socialmente...* [...] então *eu coloco o Acompanhamento Terapêutico como compondo um projeto de reabilitação psicossocial... de atenção psicossocial*, né... isso é uma coisa... eu acho que um dispositivo... agora *dentro* do Acompanhamento Terapêutico... na ação direta ali... no *vínculo*... eu utilizo bastante... é... o re... vamos dizer assim... é... ahn... eu *não diria referencial teórico*... mas assim... um *pouco da teoria* winnicottiana... [...] então assim naquele "vamos ver" *muitas vezes* eu *utilizo mesmo muito esse referencial*... a questão do cuidado... do *holding*... da sustentação [...] mas de uma forma geral eu encaro o Acompanhamento Terapêutico ele é *um dispositivo da reabilitação*... (Maria Paula).

Maria Paula se coloca fazendo parte de uma comunidade discursiva pelo emprego do "a gente". Essa comunidade identifica o Acompanhamento Terapêutico a um "dispositivo" para "compor um projeto dentro da reabilitação psicossocial". A proposta do AT, portanto, é essa reabilitação. Todavia, nota-se que há uma hesitação no discurso ao indicar que o projeto possui um referencial teórico: "desse referencial... mas... não constitui um referencial". A hesitação se esclarece na sequência do discurso, pois, se o AT é um processo de construção da autonomia do acompanhado, o processo pareceria perder a dimensão autônoma se tivesse um referencial vindo de fora do processo. Há, assim, o AT como dispositivo (vindo do referencial teórico) e o AT na ação direta do encontro ou do vínculo. A at não faz uma síntese desses dois aspectos, mas deixa aberta a dificuldade, porque apenas justapõe as duas apresentações do AT. Além disso, mesmo no tocante ao referencial teórico winnicottiano, há hesitação: "eu não diria referencial teórico" e "eu utilizo muito esse referencial". Neste caso, ela procura atenuar a ambiguidade afirmando que se trata apenas de "um pouco da teoria winnicottiana", mas não de toda ela.

> [...] porque é *muito focada na questão do ganho da autonomia...* (Maria Paula).

Aqui surge a ideia de um foco do AT, ou seja, este possui um objetivo determinado, uma direção definida, pois determinação e definição são marcas de um foco. Este, portanto, estabelece para onde todo e qualquer Acompanhamento deve rumar: para o "ganho de autonomia" pelo acompanhado.

Síntese

O conjunto das entrevistas evidencia que o acompanhante terapêutico pode ser percebido por nós por intermédio do conceito de sujeito dobradiça[18] de Marlene Guirado: o at é o suporte de um discurso que encena o sofrimento psíquico do outro e é ele próprio um sujeito psíquico singular, na medida em que cada acompanhante constrói a cena e se relaciona com ela de modo diversificado, segundo a maneira como sua subjetividade foi sendo moldada pela relação institucional.

Apoiados na estratégia metodológica de Guirado (2009), pudemos evitar o risco de propor de antemão o que seria o sujeito at, mas, pelo contrário, pudemos vê-lo se autoencenar no discurso das próprias entrevistadas, isto é, ser construído pelo conjunto de articulações que o constituem

---

[18] Este conceito deve ser compreendido a partir da ideia de ponto de junção, isto é, articulação. Um sujeito é uma dobradiça porque ele é o ponto de junção ou de articulação de vários elementos que o constituem ou instituem como sujeito.

como tal, entendendo por articulações os elementos, as categorias e os temas que destacamos nas entrevistas.

Nossas análises não foram acidentais, isto é, procuraram não se fragmentar na proliferação dos discursos das entrevistadas, mas encontrar nesses discursos uma trama discursiva cujos fios são temas como sofrimento, encontro, vivência, sentido da vida, vínculo, função, rede, território, autonomia... Em outros termos, os discursos configuraram uma lógica própria, abrindo a possibilidade de uma reflexão sobre o AT em novas perspectivas.

O conjunto das categorias e dos temas instituídos pelas práticas discursivas das entrevistadas evidencia que essas práticas discursivas estão instituídas por sua relação com outras práticas discursivas produzidas tanto pela sociedade como um todo quanto pelas instituições diretamente articuladas com o AT.

Dessa maneira, os pacientes aparecem designados com termos provenientes da prática discursiva psiquiátrica, psicanalítica, antipsiquiátrica, psicológica e filosófica: pessoa em sofrimento psíquico, esquizofrênico; pessoas com transtorno psíquico grave; transtorno bipolar; algum outro transtorno mental, esquizofrenia paranoide; sujeito. Os discursos também se referem ao que se passa com os acompanhados: medo, delírios, alucinações, abandono familiar, risco de suicídio, psicose, problemas físicos, usuários de drogas, resistência medicamentosa, síndrome do pânico, depressão, agressividade, hostilidade, dependência.

Os discursos apresentam as ats trabalhando com o sofrimento psíquico dos pacientes, sofrimento visto como o que tira do paciente sua identidade, fazendo-o identificar-se com um diagnóstico. É apostando na existência de um desejo próprio e de uma história anterior à doença que o paciente não é percebido só como falta ou privação, mas visto como alguém, no dizer de uma at, capaz de "exercer alguma atividade criativa no mundo". É por isso que pudemos dizer que os pacientes são apresentados como carentes, mas não desprovidos de tudo.

Algumas entrevistadas trouxeram para a cena a questão da solidão: pacientes sozinhos, solitários, em completo abandono, são pacientes que necessitam do AT. Assim, o AT aparece como um dispositivo a mais de cuidado. Essa é uma das razões pelas quais elas enfatizam a necessidade e importância da criação de redes sociais de suporte aos pacientes e familiares.

De acordo com as entrevistadas, o AT está voltado para a uma demanda diferente daquela psiquiátrica, atendendo pessoas que as ats designam como tendo "problemas sociais", como é o caso do AT feito com crianças, com pessoas em situação de rua, vulnerabilidade e abandono, deficientes físicos, usuários de drogas.

Os pacientes do AT são apresentados como tais, porém sua situação é considerada consequência das circunstâncias de vida que estão passando, e não uma condição estática e definitiva (alguém *está* paciente, mas não *é* paciente). São pessoas passando por dificuldades, que estão vivendo mal, cuja vida está ruim naquele momento por uma série de questões que podem ser tanto doenças como situações desagregadoras que as deixam infelizes. Dessa maneira, tanto a doença como a infelicidade podem estar na mira do AT.

É interessante notar que a demanda por AT pode se deslocar e o sujeito atendido passa de um indivíduo para a família, é esta que se torna o paciente do AT.

Encontramos nos discursos que o verbo *sair* é palavra-chave. Tanto a saída do terapeuta "pra ir na casa do paciente" quanto sair com o paciente. O AT pode acontecer em muitos lugares, tanto públicos como privados, como a casa do paciente, e ainda em outros lugares. As saídas do terapeuta com o paciente são para *ajudar*, assim o AT tem a característica de ajudar o paciente. Sobretudo, *ajudar a sair*. Esse verbo aparece em três sentidos principais: o deslocamento físico-espacial; a mudança psíquica ou o sair de si para o encontro com o outro; e o sair social, isto é, abandonar uma situação rumo a uma outra, nova. Por isso mesmo o trabalho do AT está ligado ao interesse, à criação de interesse, ao despertar do desejo e à atividade criativa.

As entrevistadas enumeram as atividades que constituem seu fazer: o at conversa, escuta, acolhe, avalia, orienta, suporta, apoia, indaga o paciente sobre suas decisões e sobre seus desejos, promove condições que ajudem a sair de uma situação conflituosa, tem atitude clínica que proporcionam encontros entre membros de uma família para que possam contar suas histórias. Os discursos também apresentam o passear, o brincar, o jogar, o aproximar-se e o pensar como fazeres do at.

Os discurso mostram que o AT e os ats, a partir de situações apresentadas, aproveitam, recuperam, falam, trabalham, não interferem. Ou seja, acompanhar é apresentado como um fazer algo, é sempre optar por um fazer, pois mesmo na não interferência se faz a opção de não interferir.

O conjunto dos discursos evidencia que o lugar ocupado pelo at é o da dúvida, da incerteza, do risco, seja porque não há um saber teórico ou um conjunto de regras que determinem sua prática, seja porque deliberadamente opta pela recusa dessas determinações e aceita o inesperado e o inusitado.

Por isso mesmo, as entrevistas mostram que as ats se veem como pluralidade e diversidade. Assim, o AT é apresentado como um fazer variado – "as pessoas fazem coisas muito variadas" no AT, "cada at faz uma coisa diferente do outro". A decisão sobre o que deve ser feito é tomada a cada encontro – "numa conversa a gente vê o que a gente vai fazer". Esse fazer pode ser conversar, ficar em casa ou sair. Contudo, o propósito desse fazer é "dar conta de alguma necessidade do paciente". O at faz aquilo que for necessário para *ajudar* o paciente *a caminhar* e/ou *poder lidar com a sua agressividade*. Há um lugar a ser proporcionado pelo at para o paciente que é *um lugar de relação*. Por isso todos os discursos centram o AT no *encontro* com o outro (sobretudo com a dor e o sofrimento do outro) e no *vínculo* intersubjetivo.

O discurso nos apresenta, por tudo isso, o at como alguém que não pode ser rígido, "tem que ter disponibilidade". A não rigidez mostra que há a necessidade de disponibilidade interna, mas o discurso nos traz também a necessidade de uma disponibilidade de tempo. O at precisa ter disponibilidade de tempo por não saber o que vai acontecer, ou seja, por não saber quando o paciente necessitará de sua permanência por mais tempo. Essa questão do tempo também traz à cena o inédito e o at como aquele que trabalha, que lida com o desconhecido, pois "a gente nunca sabe o que vem a seguir". E desse modo, com as aparições daquilo que é inusitado e inesperado, o discurso apresenta o at como quem supera obstáculos, mas principalmente como quem vivencia as emoções e os sentimentos do paciente, pois são estes que produzem o inusitado e o inesperado.

O encontro, o vínculo e o inesperado/inusitado determinam a maneira como os discursos se referem ao espaço e ao tempo. Se, de um lado, ambos possuem o sentido físico ou externo, de outro lado, ambos também possuem uma dimensão mais profunda, interna. Como espaço externo, é a casa, a rua, o *shopping center*, a fazenda, o hospital, o asilo, etc.; o tempo externo é o do relógio e da sucessão de instantes. O espaço recebe uma primeira interiorização quando é chamado de espaço público a ser reapropriado pelo paciente na conquista de seus direitos. Mas a profundidade espacial profunda é aquela em que espaço é "um pedaço dentro da gente" que propicia o encontro com o outro. O tempo interno é "um encontro com o psiquismo e um processo de construção da autonomia" do paciente. A interioridade espacial e temporal nos faz entender o que o discurso chama de *vivência*.

As entrevistadas qualificam todo AT como difícil, e a dificuldade aparece ligada ao não saber. A dúvida, o inusitado, assim como a falta de um lugar regrado como o consultório são os elementos complicadores do AT, e a técnica aparece como elemento facilitador. O discurso apresenta dois tipos de técnica, uma que facilita, pois não se tem de lidar com o inusitado trazido pelo sujeito-paciente (a técnica elimina o sujeito-paciente ao prescindir dele); e uma outra, não facilitadora, que serve ao sujeito-paciente, mas, por isso mesmo, perde as qualidades que a tornavam facilitadora, uma vez que ela variará conforme as circunstâncias e as demandas do sujeito-paciente. A técnica que facilitava pela sua uniformidade (empregada para todo e qualquer sujeito-paciente) deixa de ser facilitadora porque se altera em cada caso e, dessa forma, deixa de eliminar o inusitado. O AT vai sendo enunciado como um experienciar, uma vivência na qual o difícil é a "proximidade tão forte que é esse tipo de acompanhamento", sem qualquer anteparo técnico de intervenção. O difícil é acompanhar o paciente em seu sofrimento, sem proteções contra o inusitado desse fazer.

Uma outra dificuldade/facilidade apresentada pelos discursos é de natureza emocional. Enquanto a facilidade está relacionada ao reconhecimento do at pelo paciente, ou seja, ao vínculo afetivo e à ausência de angústia do at (é interessante notar que em alguns discursos o AT "fácil" é visto como "gratificante", e não propriamente fácil), ao contrário, a dificuldade é traduzida como angústia, intranquilidade, impotência, sofrimento e exaustão do at. Essa exaustão aparece seja porque o at precisa, a cada momento, "tirar da cartola" uma solução ou uma resposta; seja porque não há limitação do tempo de acompanhamento (mesmo quando há um contrato ou "um combinado" que determina esse tempo), o at podendo, em certas situações, "ficar de domingo a domingo com o paciente", "ficar mais de doze horas com o paciente"; seja, enfim, porque o envolvimento emocional é tão intenso que, mesmo depois de separar-se fisicamente do acompanhado, o at "sonha com ele".

Assim, não nos deve surpreender que nos discursos o at não se diferencia corporalmente do paciente, ele se funde, se mistura, como se houvesse uma *fusão de corpos*. O at deixa de existir enquanto sujeito diferenciado, posto que serve de sustentação quase total ao outro, está fusionado com outro corpo e é criação de outro corpo para ser usado pelo acompanhado. O at é uma "mãe suficientemente boa", que põe no colo, abraça, segura, sustenta, toca e é tocada. O at é aquele que "empresta seu corpo para o paciente".

De acordo com as entrevistadas, o paciente é alguém que sente uma falta. Podemos dizer que a falta é de AT e, assim, o que é demandado por sua clientela é o preenchimento da falta, que está ligada à ideia de "dar sentido para a vida", ou seja, a possibilidade de criar sentidos.

A vocação desse trabalho, indicada, como vimos, pelo verbo *sair*, visa ao fora: levar os pacientes para fora, isto é, para fora de si, da família, dos hábitos, da casa, do hospital, da rua – em suma, mudar sua vida de sentido dando-lhe um novo sentido ou, simplesmente, sentido. Como dizem algumas das entrevistadas, trata-se de assegurar ao paciente que tenha "mais poder sobre a sua própria vida", que seja capaz de "ganhar autonomia".

Os discursos afirmam que a formação específica para AT tem de ser ampla: algumas entrevistadas dizem que devem fazer parte da formação do at conhecimentos de antropologia, sociologia, filosofia, saúde, psicologia, psicanálise, reabilitação psicossocial, medicina, enfermagem, políticas de saúde, psicopatologia e sobre o movimento da Reforma Psiquiátrica.

Ao mesmo tempo, algumas entrevistadas consideram necessário que a formação para o Acompanhamento Terapêutico tenha a particularidade de formar o at com a especificidade de ser uma "função de acompanhamento". Está presente, portanto, uma questão de profissionalização, ou, como diz uma das entrevistadas, "profissionalizar como função". O AT surge como preenchimento de campos inacabados das formações de origem dos profissionais que julgam a formação em AT importante porque ela ajuda a complementar a formação de profissionais de diversos campos.

Quanto ao conteúdo da formação, alguns discursos afirmam que é preciso seguir um eixo, o eixo da clínica. Toda a formação deve se pautar pela questão da clínica, que será, justamente, a primeira coisa a ser definida e conceituada por seus elementos, como o enquadre e o *setting*.

O AT é designado pelos discursos como: um fazer, uma prática, uma atuação, um exercer, uma ajuda, um encontro, uma vivência, um vínculo, uma saída de si, um procedimento clínico, uma escuta, uma ponte, um suporte, uma tecnologia de ajuda, uma promoção de autonomia, uma intervenção, um conhecimento humano, uma ação direta, um estar com o corpo, uma especialidade, uma função. Essa pluralidade de designações encontra uma síntese quando o discurso o nomeia como "um dispositivo de reabilitação psicossocial" não normalizadora nem normativa. Não normalizadora: ao discutir a meta do AT como propiciar inclusão, o discurso recusa o senso comum para o qual a inclusão é ocupar o devido lugar e afirma que a inclusão é definida pelo desejo do paciente. Não normativa: porque não segue nem impõe normas exteriores ao próprio processo de acompanhamento.

Isso nos leva ao tema da clínica.

Os discursos identificam a clínica ao que é normalizador e normativo e a ela opõem o trabalho terapêutico do Acompanhamento Terapêutico.

Entretanto, esses mesmos discursos afirmam que o AT é uma clínica, porém a clínica do AT é sem controle da técnica e de teorias. Estas podem ser um "referencial teórico" a ser utilizado pelo at, quando este julgar ser o caso.

A *vivência* é outra característica que serve para diferenciar o AT e o atendimento clínico em consultório. Além da dimensão espacial e temporal que diferencia essas duas práticas, a vivência as diferencia porque, no consultório, o paciente "escolhe o que quer contar" e o que quer silenciar, mas no AT isso não é possível, porque o at está presente na "realidade da vida cotidiana" do paciente, presencia todos os acontecimentos. Algumas entrevistadas dizem ver pouca diferença entre clínica psicológica e o AT. Entretanto, apesar de serem poucas as diferenças, algumas são apresentadas como o fato de no AT não ser o paciente quem vai ao consultório ou ao encontro do profissional, enquanto na clínica psicológica esse movimento é feito pelo paciente; ou ainda o fato de no AT o acolhimento ser "mais flexível" e a presença do corpo ser fortemente solicitada; ou ainda o fato de que há diferença com relação ao tempo de atendimento – os Acompanhamentos têm ou podem ter mais tempo de duração do que o atendimento clínico (uma sessão de psicologia normalmente dura cinquenta minutos, porém um atendimento em AT pode durar 12 horas ou até mais).

Quando reunimos os discursos considerando os temas da formação do at e da descrição do AT sem o suporte de regras e técnicas prévias, torna-se claro por que todos os discursos consideram o Acompanhamento Terapêutico interdisciplinar, embora, como vimos, a psiquiatria seja uma referência explícita ou implícita constante. No entanto, cada um vê em sua profissão de origem o núcleo do AT.

As entrevistadas terapeutas ocupacionais se interessam pelo AT pela semelhança que encontram entre o AT e a TO. São apresentadas como pontos de semelhança as saídas com os pacientes e a organização do cotidiano.

O mesmo ocorre com as entrevistadas enfermeiras, para as quais são os atendimentos em domicílio, chamados visitas domiciliares, que caracterizam a semelhança.

Quanto às entrevistadas psicólogas, são pontos de convergência o fato de ser um atendimento voltado primeiramente à saúde mental, a utilização da teoria psicanalítica e outras teorias psicológicas para o entendimento dos casos.

Alguns discursos também mostram a relação do AT com a psicoterapia corporal e a saúde mental.

A teoria da Reabilitação Psicossocial surge como um referencial polifônico. Tanto para o AT como para a Reabilitação Psicossocial, trata-se de ações de inclusão e de inserção sociais. Contudo, enquanto a Reabilitação Psicossocial baliza e fundamenta a atividade de profissional da saúde mental como um todo, o AT é considerado um dispositivo que "compõe um projeto de Reabilitação Psicossocial".

Outro referencial teórico que aparece nos discursos é psicanalítico, especificamente o winnicottiano, que, através da ideia do *holding* e de fusão de corpos, oferece ao AT uma compreensão da atividade do at e uma direção para o seu agir. O referencial lacaniano, que oferece compreensão sobre o funcionamento das psicoses e dos psicóticos, aparece implicitamente quando os discursos se referem a isso. Com menor frequência, surge nos discursos a psicanálise reichiana e neorreichiana relacionada ao campo da pesquisa em AT.

Assim como os discursos não definem o AT, mas designam suas características, assim também não definem o profissional da área, mas enunciam suas propriedades e características. O at é qualquer um que faça esse acompanhar; um acompanhar que pode ser desenvolvido por qualquer pessoa que tenha uma formação, não necessariamente universitária. A formação para o AT permite ao acompanhante saber transformar uma relação comum numa relação terapêutica ou clínica. Dessa maneira, são parceiros: pessoas da área da saúde, terapeutas ocupacionais, médicos psiquiatras, enfermeiros, psicólogos, assistentes sociais, quem se sentir "convidado" pode vir a ser at.

Para algumas entrevistadas, a possibilidade do AT foi criada pela Reforma Psiquiátrica. Alguns discursos são enfáticos, declarando que sem a Reforma "nunca" teria existido o AT. Em outros discursos, essa relação não é imediata, e sim mediata. A luta antimanicomial se insere no campo da saúde mental; esta, na saúde pública; e esta, por sua vez, na "área social", de maneira que a Reforma Psiquiátrica deve ser considerada no interior de um movimento histórico-social mais amplo no qual, por ser parte da saúde mental, vem se inserir o AT. Este recebe da Reforma o impulso para a "quebra de paradigmas" das formas de atendimento na saúde mental. Dessa quebra, são mencionados dois efeitos: a percepção do sofredor psíquico como sujeito, portanto, com desejos e direitos, e a disponibilidade interior do acompanhante para se transformar no contato com o acompanhado.

As entrevistadas apresentam também as especificidades do AT:

1) não tem técnica definida e definitiva;

2) envolve vários conhecimentos, mas não constitui uma técnica;

3) é conhecimento humano;

4) lida com o inesperado;

5) dá resposta humana, e não técnica;

6) reapropria o espaço público para quem dele foi excluído;

7) lida com psicopatologia;

8) é feito por pessoas que são profissionais, mas não profissionais de AT, e sim de diferentes formações e campos;

9) é um compromisso ético com seu acompanhado;

10) é uma vivência e um encontro.

Fica evidenciado que as entrevistadas afirmam como núcleo de sua prática oferecer aos pacientes um caminho que lhes permita dar um sentido às suas próprias vidas. As entrevistadas articulam esse objetivo com a prática de criação de vínculos, e isso conduz a uma questão importante na cena institucional do AT, que é a formação das redes sociais de apoio.

Nos discursos das entrevistadas, as redes sociais aparecem como aquilo que falta e precisa ser criado. O lugar dos pacientes aparece configurado como lugar dos excluídos, "excluídos de qualquer rede social... até da família", pela qual são rejeitados, da qual são afastados e finalmente expulsos. A exclusão tem como efeito um isolamento que é vivenciado pelo paciente como a total falta de sentido de sua vida. Dessa maneira, as entrevistadas afirmam que a atuação para oferecer um sentido a essa vida precisa, de modo necessário e urgente, de redes sociais, porque estas instituem formas de inclusão por meio das quais os pacientes podem configurar um sentido para sua existência. Uma vez que o AT é apresentado como uma atuação em vista de conferir sentido a vidas sem sentido, e uma vez que essa atuação precisa das redes sociais, os discursos das entrevistadas deixam clara a articulação entre acompanhamento e rede.

De fato, uma rede social é um dispositivo social composto por pessoas ou organizações, ligadas por um ou vários tipos de relações, e que partilham valores e objetivos comuns. Uma das características fundamentais na definição das redes é o fato de possibilitar relacionamentos horizontais e não hierárquicos entre os participantes. A rede, dessa forma, é aberta e porosa. A rede é uma ligação social cuja conexão principal ocorre por meio da identidade.

Os discursos nos permitem dizer que o AT é um dispositivo que institui novos dispositivos.

Capítulo 5
Reflexões sobre as transformações do Acompanhamento Terapêutico

Com base na perspectiva do AT como instituição, isto é, como prática que institui as figuras do acompanhante e do acompanhado, buscamos neste capítulo refletir sobre as principais transformações nos discursos sobre o AT nos últimos 15 anos. Para tanto, propomos um diálogo com o trabalho desenvolvido por Reis Neto (1995), no qual é narrada a genealogia do AT no Rio de Janeiro. Nosso interesse, aqui, não é tanto essa genealogia, e sim comparar o discurso atual dos ats (oferecido por nossas entrevistadas) e o material trazido por Reis Neto para que possamos pensar a relação entre o que se dizia do AT ontem e o que se diz do AT hoje.

O AT ontem

O estudo de Reis Neto (1995) mostra que é entre as décadas de 1980 e 1990 que se inicia a busca por uma especificidade do trabalho de acompanhamento. Destaca o autor que, na década de 1990, o AT ocupa "um espaço intermediário entre uma prática psicoterápica reconhecida como profissão e um estágio pré-profissional" (1995, p. 4), ou seja, o acompanhante era alguém que ainda não era profissional, mas estava em vias de se profissionalizar.

Nessa busca da profissionalização, portanto, da determinação da identidade do acompanhante, observa-se que os ats se debatem entre a ausência de uma delimitação de conhecimentos específicos que definiriam sua prática e a presença de uma vastidão quase ilimitada de saberes: "não está definido o que um at deve saber para ser acompanhante" (REIS NETO, 1995, p. 5). Ao mesmo tempo, entretanto, os estudos de Reis Neto

(1995) e de Alex Sandro Tavares da Silva (2005), entre outros, assinalam a importância assumida por teorias vindas da psicologia e da psicanálise, tais como teorias do sujeito, da família, do psicodiagnóstico, etc., o que explica um esforço para "situar o acompanhamento como uma prática clínica" (1995, p. 5). Ou seja, os conhecimentos teóricos propostos são provenientes da área *psi*. É, portanto, nesse campo teórico e prático que o AT tenderá a situar-se e é a partir dele que se coloca a determinação da identidade do at.

Esta é examinada por Reis Neto sob três aspectos simultâneos: o estatuto profissional dessa prática; o estatuto teórico dessa prática; e o lugar do acompanhante na relação com o terapeuta e com o paciente. Esses três aspectos, por seu turno, são examinados em conformidade com a periodização do AT (que examinamos no Capítulo 1), isto é, segundo a diferença proposta pelo autor entre o período antipsiquiátrico e o período psiquiátrico, portanto, a diferença entre a época da contracultura, quando a ausência de identidade profissional e de delimitação dos conhecimentos são valorizadas, e a época em que a luta antimanicomial e antipsiquiátrica cede lugar ao retorno de uma visão tradicional da psicoterapia, levando à desvalorização do AT exatamente por não possuir um campo delimitado de conhecimentos, resultando na sua redução à condição de mero coadjuvante do trabalho de psiquiatras com *"tendências mais* tradicionais de tratamento" (1995, p. 10). Nesse segundo período, at é aquele que "não sabe tanto", por isso, sua atividade não é "tão terapêutica" e ele é encarado como um "terapeuta menor", ainda em formação. Como coadjuvante ou mera extensão do psiquiatra (ou do psicoterapeuta), o at não tinha identidade própria.

Entretanto, aqueles que exerciam o AT nessa época já eram, em sua maioria, profissionais formados nas áreas "psi" e, fortemente influenciados pela psicanálise, desejavam que sua prática em Acompanhamento Terapêutico tivesse um reconhecimento enquanto clínica e deixasse de ser vista como mera extensão de uma clínica dita "verdadeira". Nessa busca do reconhecimento da dimensão clínica de sua atividade, os ats passaram a ter necessidade de construir um discurso próprio que pudesse acabar com a "fragilidade do estatuto institucional e teórico desta prática" (1995, p. 6). Eis por que, em 1995, os ats debatiam-se

> [...] com questões básicas [como] o que faço junto ao paciente e de que maneira isto se torna terapêutico?; sou um terapeuta ou

um auxiliar?; devo auxiliar a que psiquiatria?; enquanto grupo de acompanhantes terapêuticos, devemos tornar-nos ou não uma instituição?, etc. (REIS NETO, 1995, p. 13).

Observamos, assim, uma inquietação com respeito ao estatuto teórico e institucional do AT, acarretando, desde o princípio, uma inquietação dos ats quanto ao seu reconhecimento. Essa dupla inquietação se exprime, numa primeira fase, na reivindicação da mudança de nomenclatura, de auxiliar ou atendente para acompanhante – tal qual ocorreu em Buenos Aires – e, em outra fase, no desejo de ser reconhecido pelos outros profissionais e, portanto, numa questão de profissionalização, com a reivindicação do reconhecimento do caráter clínico do AT.

Todo o problema, porém, estava no fato de que o Acompanhamento continuava a ser um período de passagem entre a formação acadêmica e o estabelecimento do profissional em seu consultório particular. Ao se estabelecer profissionalmente em sua área acadêmica (psiquiatria, psicologia, etc.), o profissional não mais atuava como acompanhante e, nos conta Reis Neto (1995), tampouco via a necessidade de indicar Acompanhamento Terapêutico a seus pacientes. Dessa forma, a contradição estava posta, pois, de um lado, essa maneira de operar dos ats dificultava que houvesse uma rápida e sólida institucionalização dessa prática, ao mesmo tempo que, de outro lado, a institucionalização se tornava uma questão importante para os ats que partiam em busca tanto do reconhecimento clínico como da conceituação de sua função. Nesse caminho de buscas, os ats, por manterem certas características de suas funções trazidas dos primórdios antipsiquiátricos dessa prática, acabaram por ocupar um lugar, no mínimo, incômodo:

> Apesar de tentarem conferir à sua prática um outro estatuto profissional e teórico, os acompanhantes nunca deixaram de lado este aspecto de sua prática que vem desde o tempo em que era feito dentro das comunidades terapêuticas: esta "coisa" meio solta, meio sem lugar, que em certos momentos parece colocar o auxiliar numa relação de simetria com seus pacientes que, lembremos, não são "doentes" quaisquer, mas "loucos". Simetria que coloca aquele que acompanha, portanto, numa posição "delicada", no que diz respeito à tentativa de delimitação do que seria o "saber" ou o "lugar" do acompanhante (REIS NETO, 1995, p. 230).

Assim, a contradição indica que encontramos, ao mesmo tempo, a noção de que o acompanhante deve manter uma relação de simetria com o acompanhado – herança da antipsiquiatria –, mas, também como clínico e possuidor de um saber e de uma técnica terapêutica, deve aparecer diferenciado do paciente, e não uma relação de simetria com ele – atitude própria da psiquiatria. Essa contradição faz com que o at surja como alguém cujo lugar e cujo saber são indefinidos: o at é "meio", é "entre".

Nos primórdios do AT,

> [...] não se supunha que o auxiliar tivesse uma formação mais específica. O saber teórico é importante para que se saiba o que é psicose, um surto, um paciente PMD etc.; o resto você aprendia à mesa, jantando junto à família do paciente. A formação era o próprio trabalho. Acho que o acompanhamento é uma ponte entre o conhecimento teórico que você adquire na academia e a prática clínica no consultório (REIS NETO, 1995, p. 237-238).

Se "a formação era o próprio trabalho" e se o at aprendia o resto "à mesa, jantando junto à família do paciente", então torna-se claro algo que perdura no fazer do at desde os primórdios de sua história e que encontramos não apenas nos estudos que temos mencionado, mas também nos discursos de nossas entrevistadas: a questão do *vínculo*, presente nos discursos das variadas épocas. Fazer *vínculo* é o trabalho, o aprendizado, a formação. Em outras palavras, o que se apresenta desde a época dos atendentes ou auxiliares, descritos tanto por Reis Neto como pelos outros autores que pesquisamos, é a *natureza afetiva do vínculo*, que é e deve ser estabelecido pelos ats. Esse vínculo, na época das Comunidades Terapêuticas, era visto como o que propiciaria um ambiente acolhedor e, portanto, terapêutico ao paciente. Assim, é a afetividade que permitirá a criação de um "ambiente terapêutico" sem garantias prévias:

> [...] um contato mais "cru" com os pacientes, menos intermediado por saberes e "settings" terapêuticos bem estabelecidos. Esse estar junto é aventurar-se, expor-se, entrar num campo minado" (REIS NETO, 1995, p. 233).

Eis por que, na descrição de Reis Neto, em 1995 o AT aparecia como "campo de intervenção fundamentado por várias teorias e ideologias, ocorre em variados lugares e não é uma técnica determinada" (1995, p. 1), ou seja, caracteriza-se por uma grande amplitude e indeterminação. Todavia, amplitude e indeterminação não significavam que a prática do AT não estivesse referida a um campo de saber no qual se fundamenta. Esse campo teórico é dado pela psiquiatria, pela psicanálise, pela psicopatologia, ou seja, pela pluralidade de *teorias psi*. Era no interior desse campo teórico plural que o AT se permitia uma amplitude e uma indeterminação decorrente não só da pluralidade teórica, mas também da multiplicidade de formas e significados do *vínculo afetivo*.

Outra característica ainda apontada por Reis Neto (1995, p. 4) era o caráter informal do AT: no início, os grupos de ats não se constituíram formalmente enquanto instituição, em consequência do próprio perfil dos ats, ou seja, do fato de encararem o AT como um "meio" para se atingir "um fim", pois quem fazia AT não queria ser at, mas estava em busca de formar-se como psiquiatra, psicólogo, psicanalista, quando deixaria de ser acompanhante. A natureza transitória do AT explica o caráter informal dos grupos. Entretanto, esse mesmo autor afirma que "há uma tendência de mudança deste quadro. Hoje [década de 1990] os acompanhantes são psicólogos e psiquiatras formados" (REIS NETO, 1995, p. 5). Em suma, houve mudanças quanto ao perfil do at, aos lugares onde atua e ao modo de compreender o AT.

Reis Neto (1995) não se refere nem uma vez a terapeutas ocupacionais e quando faz referência aos enfermeiros não é para situá-los no trabalho de acompanhamento, mas sim no contraponto a este, dizendo que o acompanhante veio substituir o enfermeiro e indaga por que o "atendente" não era um enfermeiro, ou por que os enfermeiros não foram treinados para serem "atendentes". Dessa maneira, somos levados a pensar que, desde muito cedo, há uma ideia de formação ou treinamento para os ats. Entretanto, não há uma técnica a ser ensinada, uma vez que, tanto o texto de Reis Neto (1995) como os de outros autores por nós pesquisados afirmam que o AT não é uma "determinada técnica", nem sequer possui uma técnica.

O que podemos apreender do que é dito sobre a função do AT é que, em seus primórdios, era definido como o que permitia evitar a internação do paciente, mas, em seguida, passou a ser pensado por aquilo que produzia, por exemplo, o vínculo afetivo. Em outras palavras, inicialmente, o AT aparecia com uma função negativa (impedir a internação) e, posteriormente, assumiu uma função positiva (criar o vínculo afetivo). Essa transformação decorreu da mudança em relação à demanda, que passou a atender pacientes fora da situação de crise e, assim, "perde a característica de ser eminentemente uma 'substituição' da internação" (REIS NETO, 1995, p. 3).[19]

O Acompanhamento também aparecia, como vimos, como ponte entre o conhecimento teórico que se adquire na academia e a prática clínica no consultório, isto é, como aquilo que não se aprendia na academia nem se praticava no consultório, mas possuía uma especificidade, qual seja, criar o vínculo afetivo com o paciente. Entretanto, para Reis Neto (1995, p. 238), o AT pode não ser clínico, mas será, necessariamente, terapêutico, como a atividade esportiva, explica o autor, que pode ser terapêutica e não ser clínica.

Examinemos por um momento a distinção proposta por Reis Neto entre clínico e terapêutico.

Terapia vem do grego *therapeia*, significando cuidado, respeito, tratamento dado aos humanos, aos animais e às plantas. Segundo o *Dicionário Aurélio*, terapêutico vem do grego *therapeutikós*, significando curativo, medicinal; e terapêutico liga-se à terapêutica, ou seja, a parte da medicina que estuda e põe em prática os meios adequados para aliviar ou curar os doentes. Assim, temos "cura" e "alívio" dos doentes por uma "prática". Segundo o mesmo *Dicionário Aurélio*, clínica se refere a uma prática da medicina relativa aos termos gregos *kline* – leito, repouso – e *klino* – inclinar, dobrar; e pode ser entendida como o inclinar-se ou dobrar-se sobre o leito do paciente. De toda maneira, o que é terapêutico aparece como uma prática do mesmo modo que a clínica também é uma prática. Haveria alguma peculiaridade em cada uma dessas práticas para que se pudesse fazer a diferenciação proposta por Reis Neto, ou devemos crer que toda terapia, assim como toda clínica, é uma prática voltada para o alívio e a cura do paciente? Desse modo, faria sentido pensar que a prática do Acompanhamento Terapêutico seria ela mesma uma clínica praticada em outros espaços que não o consultório e não poderia ser uma ponte entre um conhecimento e uma prática, uma vez que ele seria uma prática específica, enquanto a clínica praticada no consultório é também uma terapia com suas peculiaridades. Em outras palavras, estamos diante de duas práticas e uma delas não seria mero caminho para a outra, mas não seriam excludentes e poderiam ser complementares.

Fizemos essas observações porque julgamos que a distinção entre terapêutico e clínico sustentava, nos discursos de ontem, a ideia de que o

---

[19] Reiteramos que ele escreve em 1995, portanto, seus dados e reflexões não ultrapassam essa data.

Acompanhamento era um "meio do caminho" para se chegar à clínica e, como consequência, levava à minoração do at e de seu trabalho. Contudo, relatam os autores pesquisados que é uma prática muito difícil e desgastante, mais difícil e menos protegida do que a prática do atendimento feito em consultório, com suas técnicas, *setting* estabelecido, tempo muito bem determinado. Segundo Reis Neto

> Quando se pergunta aos acompanhantes porque eles não fazem mais acompanhamento, é comum ouvir-se a explicação "...é uma prática muito desgastante". Acreditamos que, se ela é "tão desgastante", é por um conjunto de fatores e não, como quereriam fazer-nos entender os ex-acompanhantes, pelo fato de os pacientes serem tão difíceis. Acreditamos que pese muito aí a falta de prestígio "social" da função de acompanhar (REIS NETO, 1995, p. 239).

Ou seja, os pacientes são difíceis e a prática do AT é desgastante. Entretanto, para o autor, o que fazia (na época de sua dissertação, 1995) com que aqueles que exerciam o AT abandonassem essa prática era a falta de reconhecimento de seu trabalho, posto como um meio para se chegar ao almejado fim, o consultório.

O que faz essa prática, função, intervenção, dispositivo, ou como mais lhe denominem, ser tão difícil e desgastante? Como mencionado no Capítulo 1, Reis Neto (1995) descreve o trabalho do auxiliar da comunidade terapêutica da Villa Pinheiros. O que aqui nos interessa é a descrição da função desse auxiliar psiquiátrico para pensarmos se hoje a função do at é descrita da mesma maneira. Lembremos, portanto, que o autor afirma que a função desse auxiliar consistia, em linhas gerais, num "estar junto", em propiciar um "meio social terapêutico", em fazer "saídas à rua", ou ainda como "tentativa de ir reintroduzindo gradativamente os pacientes no meio social extra-clínica", como uma atividade "solicitada por alguns psiquiatras para o atendimento de pacientes", como instrumento para "evitar a internação destes pacientes" e sobretudo tratava-se de um "trabalho quase sempre destinado a pacientes em crise psiquiátrica"; "o trabalho dos auxiliares... quase sempre chegava ao fim após o debelamento da situação de crise" (REIS NETO, 1995, p. 2).

Como vimos no Capítulo 1, o início da prática de Acompanhamento se deu no interior das comunidades terapêuticas.[20] O at era chamado tanto

---

[20] Existe uma discussão a respeito da origem do AT e alguns autores afirmam que essa prática teve início na Clínica Pinel, em Porto Alegre. Contudo, acreditamos que não

de "atendente psiquiátrico" como de "amigo qualificado" ou "auxiliar psiquiátrico". Sua função era garantir o espaço terapêutico *fora* dos saberes psiquiátricos tradicionais numa época de questionamento desses saberes. Vindo do ambiente da antipsiquiatria, "o at sempre priorizará uma atitude que procura respeitar as produções da subjetividade do suposto louco" (REIS NETO, 1995, p. 215).

Os ats tinham a função de "reintroduzir" o paciente no ambiente social externo à clínica. Por isso são descritos como aqueles que tinham o papel de "família substituta" do paciente para, dessa maneira, poderem oferecer diferentes modelos de interação familiar, procurando fugir dos padrões rígidos de interação observados nas famílias dos pacientes psiquiátricos graves. Por esse motivo, Reis Neto (1995) propõe distinguir entre a função do at e a do enfermeiro. Este é pensado pelo autor como alguém ligado a uma função médica que seria de medicar, cuidar de problemas clínicos e ainda conter e vigiar os pacientes, ou seja, cuidar de "um corpo doente", ao passo que o atendente ou acompanhante (a denominação depende da época de referência) estaria ligado às questões *psi*, que valorizam "as produções do discurso daquele a quem trata... a um sujeito que merece ser escutado" (REIS NETO, 1995, p. 27).

Dois psicanalistas que fizeram parte do GRAP (Grupo de Acompanhamento Psicoterapêutico) do Rio de Janeiro, Fortes e Starling, num texto de 1992 escreveram que são "práticas associadas à tarefa de auxiliares psiquiátricos [...] segurar e conter pacientes, cuidar, proteger, vigiar, fazer plantões noturnos, agüentar crises agudas" (Fortes; Starling[21] *apud* REIS NETO, 1995, p. 232).

Entretanto, quando esses auxiliares passam a ser denominados *acompanhantes terapêuticos*, vão deixando de lado as funções que, de alguma maneira, contêm a ideologia asilar (proteger, conter e vigiar) e sua função passa a ser descrita como: "aventurar-se, expor-se, entrar em um campo minado

---

haja como comprovar essa afirmação hoje. Das informações que possuímos, podemos afirmar com segurança que o primeiro lugar a utilizar a nomenclatura acompanhante terapêutico foi em Buenos Aires, no CETAMP, com Eduardo Kalina (1986). Já a prática que originou o que depois recebeu essa nomenclatura, de fato, parece-nos, poder ser remetida a épocas mais remotas dos primórdios dos questionamentos da psiquiatria, dos manicômios, internações e as formas de se encarar e tratar a loucura. Por essa razão acreditamos que uma investigação mais aprofundada sobre o funcionamento das primeiras Comunidades Terapêuticas pode nos revelar a presença de figuras que hoje chamaríamos de ats ou que reconheceríamos como seus antecessores.

[21] Não tivemos acesso a este documento pesquisado por Reis Neto. Trata-se de um mimeo dos arquivos GRAP.

[...] aguda perspicácia clínica e um sentido de 'timming' [...] familiarizados com os processos inconscientes e as tarefas transferenciais..." (Fortes; Starling *apud* REIS NETO, 1995, p. 232).

Ou, como observa Reis Neto, a diferença das funções do auxiliar e do acompanhante é "traçada em termos de um afastamento da ideologia asilar, associado a um aprimoramento teórico/clínico" (REIS NETO, 1995, p. 232).

O autor se atém bastante na questão da mudança de nomenclatura, de "amigo qualificado" (Buenos Aires e São Paulo) e "auxiliar psiquiátrico" (Rio de Janeiro) para "acompanhante terapêutico". Como vimos no Capítulo 1, o autor aponta uma diferença entre Buenos Aires/São Paulo, de um lado, e Rio de Janeiro, de outro. Diz ele que, nas duas primeiras cidades, a experiência de mudança de nome deu-se de maneira menos abrupta, uma vez que essa mudança significava dar uma denominação mais adequada à função desempenhada para que o lugar ocupado pelo profissional ficasse mais marcado pelo fato de "acompanhar" do que pela questão do vínculo, que ficava mais marcada e conotada pela denominação "amigo". Já no Rio de Janeiro, a mudança assinala a diferença de funções, ou seja, o que o auxiliar fazia não era o que o acompanhante faz. Há uma mudança não no enfoque (como em Buenos Aires e São Paulo), mas no próprio fazer, na própria função. Diz Reis Neto (1995) que os auxiliares do Rio de Janeiro se rebelaram contra a falta de reconhecimento profissional do auxiliar e de não poder ter maior autonomia, pois eram subordinados ao médico. A mudança de designação, passando de auxiliar para acompanhante, buscava autonomia, reafirmar-se enquanto identidade profissional, ser visto como profissional qualificado, respeitado dentro da equipe interdisciplinar.

Cabe agora observarmos o que da prática do AT se manteve e o que foi modificado e tentar entender qual a dificuldade desse trabalho. A título de exemplo de algumas diferenças entre ontem e hoje podemos mencionar exatamente a questão que acabamos de expor, isto é, a da autonomia: vimos, pelas análises das entrevistas, que a questão da autonomia se mantém como algo caro ao AT, entretanto, as entrevistadas falam da *autonomia dos pacientes*, enquanto o relato de Reis Neto (1995) se refere à *autonomia dos próprios ats*.

O AT hoje

Partindo dos discursos de nossas entrevistadas, podemos observar que o acompanhante terapêutico é uma figura pouco especificada ou com poucas determinações, o que significa que não houve mudança desse aspecto entre o que foi relatado do AT de ontem para o AT de hoje.

Também não há mudança quanto ao saber que um at deve possuir. Pelas análises das entrevistas notamos que para as entrevistadas permanece difícil estabelecer quais os conhecimentos teóricos necessários para a prática do AT. Assim como ontem, havia a pluralidade de conhecimentos oriundos das diferentes teorias e práticas do campo psi, assim também o que encontramos hoje é uma gama imensa de conhecimentos que as entrevistadas dizem serem necessários a essa prática, aliás, mais amplas do que a de ontem, pois vai da filosofia à medicina.

Assim como nos discursos da literatura sobre o AT há contínua referência à psiquiatria, à psicologia e à psicanálise, assim também encontramos nos discursos das entrevistadas o uso de conceitos como inconsciente, processos inconscientes e transferência, o que nos mostra que, como ontem, também hoje há uma aproximação com a psicanálise. Por isso, apesar de todos os discursos, isto é, tanto os de ontem quanto os da literatura e os das entrevistadas apresentarem o at como alguém que ocupa um lugar "entre lugares", cujos saberes não estão definidos, eles nos permitem afirmar que há dois saberes teóricos (psicologia e psicanálise) que sempre aparecem nos discursos sobre AT, às vezes sozinhos, às vezes em meio a outras teorias, mas esses dois surgem como parte intrínseca desse trabalho e, dessa forma, o Acompanhamento Terapêutico se vê com fortes ligações com a área "psi"[22].

Contudo, hoje, quando o AT se ampliou para outros campos e cada vez mais pretende ser transdisciplinar, surgem no cenário muitas teorias que buscam referenciá-lo e mais difícil fica defini-lo, pensar seus objetivos e as teorias que possam fundamentá-lo, pois mais e mais vai se ampliando e se indeterminando. Dessa forma, encontrar a especificidade do AT ou falar da sua identidade torna-se tarefa mais complicada do que antes.

Sob uma perspectiva, os discursos examinados por Reis Neto em 1995 acerca da indeterminação do AT e das tentativas de lhe conferir uma identidade são, de fato, atuais. Encontramos ontem e hoje as mesmas ideias sobre o AT ser fundamentado por várias teorias, ocorrer em lugares variados e não ser ou ter uma técnica determinada. No entanto, sob outra

---

[22] Vale lembrar que algumas das ats entrevistadas se posicionaram de modo contrário a essa ideia e disseram que as práticas de acompanhamento são do campo da terapia ocupacional.

perspectiva, o que nos parece ter mudado nos discursos atuais é a referência feita à fundamentação teórica dessa prática, pois, como dissemos, enquanto ontem o AT era tido como uma prática intimamente ligada à psiquiatria e à psicologia, as teorias que buscam fundamentá-lo eram teorias "psi", geralmente ligadas à psicanálise, hoje, os discursos de nossas entrevistadas trazem outros referenciais, como o da reabilitação psicossocial.

Ao compararmos os escritos de 1995 e as falas de nossas entrevistadas, observamos mudanças quanto aos profissionais que hoje trabalham como ats. Ontem, a maioria dos ats, de acordo com Reis Neto (1995), era de estudantes de medicina "em transição" e de enfermagem, ainda que tivesse havido um movimento de demanda rumo à especificação profissional e à autonomia de sua prática. Hoje, parece ter havido uma amplitude e indefinição que podem abarcar uma gama muito grande de pessoas para fazer AT e por isso mesmo impõem a necessidade de alguma delimitação, de alguma especificação. Como dizem as entrevistadas, não é porque qualquer pessoa que queira fazer AT é vista com a possibilidade de fazê-lo que ela pode sair a praticá-lo. Essa exigência transparece na quantidade de cursos de qualificação em Acompanhamento Terapêutico oferecidos no Brasil, visando tornar uma pessoa apta a trabalhar como at.

Entretanto, como vimos nos capítulos anteriores, não há uma técnica a ser ensinada. Os autores por nós pesquisados assim como os discursos de nossas entrevistadas afirmam que o AT não possui e nem é uma técnica, até porque a técnica é vista como aquilo que engessa a prática do at.

Na realidade, porém, vimos que o AT não constitui uma prática específica, e sim muitas práticas. E, como diz Silva (2005, p. 52), o AT é antes de tudo uma função, ou seja, não é um nome dado a um certo profissional, mas sim a uma função, a um fazer de qualquer pessoa. Por esse motivo, no texto de Silva (2005) vemos o uso da expressão at para se referir ao atendente psiquiátrico, ao atendente grude, isto é, figuras anteriores à nomenclatura at, mas que são assim chamadas por ele porque a especificidade se encontra na função AT, e não no profissional at. Aliás, não só no texto de Silva (2005) encontramos esse procedimento, mas na maioria dos textos há essa indiferenciação, o que dificulta distinguir entre passado remoto, passado recente e presente. Portanto, o AT ganha, hoje, uma determinação: é uma determinada função que certas pessoas praticam. A questão é que essa função é indeterminada e, portanto, indetermina-se o AT no momento em que ele parece estar sendo determinado.

Outra ideia que permanece nos discursos é que o AT é uma prática muito difícil e desgastante, mais difícil e menos protegida do que a prática do atendimento feito em consultório, com suas técnicas, *setting* estabelecido, tempo muito bem determinado. Os pacientes são difíceis e a prática do AT é desgastante. Apesar de toda essa dificuldade, os discursos de ontem enunciam a figura do at sem reconhecimento pelo seu trabalho e, de alguma forma, parece-nos que a minoração do AT continua a ser sentida hoje e surge na fala de nossas entrevistadas, uma vez que essa prática não aparece independente da profissão de origem das ats. Em outras palavras, o *lugar* profissional do at é, na verdade, sua formação de origem, e, ontem como hoje, o AT é um complemento para essa formação. O que não deve ser estranhado, uma vez que no Brasil (diferentemente da Argentina) não existe legalmente a figura do at e muito menos a profissão AT.

No início de sua prática, como foi visto, a função do at era garantir o espaço terapêutico fora dos saberes psiquiátricos tradicionais. Tudo indica que a ideia de um "espaço terapêutico" ou um "meio social terapêutico" permaneceu como pano de fundo do AT até os dias atuais, pois há uma preocupação expressa nos discursos de nossas entrevistadas com o acolhimento que se dá aos pacientes. Para aquelas que utilizam a teoria winnicottiana, isso surge no discurso como a mãe suficientemente boa que acolhe, sustenta, oferece condições para que o paciente, em um ambiente favorável, se desenvolva. Não é esperada do at uma intervenção interpretativa, mas espera-se que ele seja capaz de "escutar" aquele que geralmente ninguém escuta.

Outra questão que surge ontem e hoje se refere à simetria do acompanhante com seu acompanhado, mas colocada em termos diferentes. De fato, vimos que, em 1995, a simetria não deveria ser visada pelo at, entretanto, os discursos de nossas entrevistadas mostram que essa simetria está presente na relação que se estabelece no AT, como podemos observar na seguinte fala: "o papel do at não é um papel fácil, a gente vivencia sentimentos, a gente vivencia emoções... é... que eles vivenciam então a gente sente o que eles sentem também...".

No entanto, apesar dessa diferença, o que se apresenta desde a época dos atendentes ou auxiliares, descritos pelos autores que pesquisamos, até os dias de hoje, pela fala de nossas entrevistadas, é a *natureza afetiva do vínculo,* que é e deve ser estabelecido pelos ats. Esse vínculo, na época das Comunidades Terapêuticas, era visto como o que propiciaria um ambiente acolhedor e, portanto, terapêutico ao paciente. Na fala de nossas entrevistadas, o vínculo surge como o elemento que propicia um "encontro transformador". Assim, permanece a ideia de que é a afetividade que permitirá a criação de um "ambiente terapêutico" ou de um "encontro transformador".

Dessa maneira, o vínculo afetivo nos mostra a proximidade do acompanhante com o acompanhado e, então, o "estar junto", que também aparece nos discursos dos ats das variadas épocas, vai se caracterizando como aquilo que nossas entrevistadas chamam de "vivência" e que Reis Neto (1995) apresentou como especificidade da prática do acompanhante: "um contato mais 'cru' com os pacientes, menos intermediado por saberes e 'settings' terapêuticos bem estabelecidos". Esse "estar junto" é "aventurar--se, expor-se, entrar num campo minado..." (REIS NETO, 1995, p. 233). Na fala de nossas entrevistadas, isso surge como a dificuldade desse trabalho, pois "você tá sentindo junto... você tá vivendo junto [...] então e você está vivendo a infelicidade dela com ela..."

Também permanece como pano de fundo a semelhança de objetivos, que aparece na ideia de "reintroduzir" o paciente no ambiente social externo à clínica, em Reis Neto, e na de inclusão social do paciente, no discurso atual. Enquanto os ats, em 1995, são descritos como tendo a função de ser a "família substituta" do paciente buscando fugir dos padrões rígidos de interação observados nas famílias dos pacientes psiquiátricos graves, nos discursos de nossas entrevistadas a família surge como parte de uma rede social que os ats devem ajudar os pacientes a construir, redes sociais que os manterão fora da internação.

Permanece também nos discursos atuais das ats a diferença proposta por Reis Neto entre a função do at e a do enfermeiro que cuida de "um corpo doente".

Vimos que, nos anos 1990, foi acrescida uma modificação em relação à demanda dirigida aos auxiliares psiquiátricos, que passaram a atender pacientes fora da situação de crise e levariam ao surgimento do nome *acompanhante terapêutico*. Por isso, encontramos semelhanças nos discursos de nossas entrevistadas quanto ao fazer do at e o que era dito do fazer do auxiliar, isto é, o "estar junto", que foi delineando essa prática e que talvez explique por que, hoje, as ats atendem não só à demanda do paciente fora de crise, mas também a outras demandas que foram surgindo com o tempo, como crianças com dificuldades na escola, pessoas vítimas de violência e abandono, entre outras.

Podemos observar, então, que 1995 e 2010 oferecem um discurso sobre o AT muito semelhante. O que não nos deve surpreender se pensarmos que é *a ideia do estar junto* que, como dissemos, delineia essa prática. Estar junto é acompanhar; acompanhar é fazer companhia, é ser companheiro. A palavra companheiro vem do latim *cum panis* – compartilhar o pão. Desse modo, podemos pensar que a relação que se estabelece no acompanhamento ontem e hoje é mediada por esse vínculo afetivo do qual falavam os discursos de 1990 e, em 2010, nos falam as entrevistadas e que este é a essência do AT. Um vínculo que é mais do que simplesmente estar junto, como dizia o folclorista brasileiro Câmara Cascudo (1943) quando mostrava que o significado sociocultural, psicológico e afetivo da comida ultrapassa o simples ato de alimentar-se. São muitas as tradições que consideram a hora da refeição como semissagrada, de silêncio, compostura e severidade. Comer junto é aliar-se. É *cum panis*, é ser companheiro, é acompanhar.

Isso, porém, de fato, não significa ausência de diferenças entre ontem e hoje. Pelo menos duas mudanças podem ser apontadas, pois a atuação do at foi bastante ampliada. A primeira é que, hoje, graduandos e graduados em diversas áreas ligadas à saúde trabalham com AT, como podemos ver pelas nossas entrevistadas, e os espaços de atuação se ampliaram, como também podemos perceber pelas entrevistas, que se referem, por exemplo, aos abrigos de menores. A segunda mudança se refere ao caráter formal que muitos grupos tomaram hoje. Podemos pensar, então, que Reis Neto (1995) estava correto ao atribuir ao caráter transitório do AT o motivo para os grupos não se formalizarem.

Surge, porém, uma questão. O "estar junto" indica que não há algo que seja uma reserva de monopólio de legitimidade do AT, que parece definir-se mais pela intenção do que pela extensão de seu trabalho. Ora, isso complica reivindicar um *objeto institucional*, a menos que seja algo de uma amplitude como a dos *andarilhos do bem*, sanando as feridas do sofrimento. Por isso mesmo, precisamos indagar se a questão da indefinição, da falta de lugar ou de profissionalização, que era vista como característica importante daqueles que vinham trabalhar com os pacientes numa proposta antipsiquiátrica, ainda pode ser vista hoje como terapêutica, uma vez que caberia pensar o AT como parte integrante e importante da Reforma Psiquiátrica nos moldes atuais, e o quanto o seu lugar fica dificultado ou não garantido quando não pode ser visto, de fato, como uma figura existente, ou seja, quando ele é uma entidade, uma denominação que não parece ser institucionalmente palpável.

Dessa forma, os estudos existentes e as entrevistas por nós analisadas levantam a possibilidade de indagarmos até que ponto deve o AT manter sua indefinição, uma vez que essa característica parece lhe ampliar os horizontes e as possibilidades de atuação, e o quanto há a necessidade de uma delimitação e uma especificidade que permitiriam efetivamente maiores espaços e oportunidades de trabalho. Sabemos que essa é uma preocupação atual dos atores dessa prática, uma vez que, na Argentina, a profissionalização vem ocorrendo e o último Congresso Internacional, realizado em 2011, em Buenos Aires, trouxe como título "Integraciones conceptuales, hacia uma profesionalizacion definitiva de nuestra practica". No Brasil, como dissemos anteriormente, estava planejado, também para 2011, o 3º Congresso Brasileiro, que teria como título "A inserção do Acompanhamento Terapêutico nas Políticas Públicas em Saúde Mental",[23] ou seja, são os temas dos espaços e oportunidades de trabalho que aparecem como disparadores das reflexões desses eventos.

Vale pensar, portanto, as implicações e a mudança dos significados em relação a ter ou não ter uma identidade profissional. Podemos pensar que, hoje, não ter identidade profissional não é questionar o saber instituído como ocorria na época das Comunidades Terapêuticas. Hoje, parece-nos que a discussão está inserida na ordem da globalização, da amplitude de conhecimentos, na onda do que se convencionou chamar de pós-modernidade. Se o AT está de fato nessa onda, devemos lembrar algumas características da sociedade pós-moderna que podem nos ajudar nessa reflexão e, para tanto, começaremos seguindo o pensamento de David Harvey (1992).

Esse autor constrói sua argumentação tomando como referência determinadas crises no sistema de acumulação do capital que vão acompanhadas por mudanças na experiência e nos significados sociais, nas artes, nas ciências e na filosofia. Segundo Harvey (1992), a pós-modernidade coincide com a crise econômica do fordismo, caracterizado pela produção em série (a linha de montagem) que trouxe o barateamento dos produtos e permitiu o consumo de massa. Esse modelo, diz Harvey (1992), entrou em crise pela rigidez que o sistema de produção mostra em absorver as mudanças nas demandas do mercado que o próprio capital gera. A crise do fordismo foi, na verdade, a crise do capital produtivo, cuja hegemonia e centralidade foram substituídas pelo capital financeiro, que impôs a fragmentação da produção, a substituição das ideias de qualidade e durabilidade dos produtos pela ideia do descartável, a imensa rotatividade da mão de obra e a rápida obsolescência da qualificação para o trabalho. Essa mudança atingiu um dos elementos fundamentais da sociedade capitalista desde seu

---

[23] Como dissemos em capítulo anterior, esse congresso acabou por não ocorrer.

surgimento, qual seja, o discurso sobre o trabalho como virtude ou aquilo que Max Weber (1974) designou com a expressão "a ética protestante do trabalho", determinante

> [...] do conjunto de valores, comportamentos e atitudes que moldaram a cultura da sociedade capitalista e que permaneceram em vigência até por volta dos meados dos anos 1970, quando uma alteração no modo de produção capitalista lançou por terra o significado tradicional do trabalho. A partir dessa data, a acumulação e reprodução do capital, que sempre dependeram diretamente da exploração da força de trabalho, deixaram de ser gerados pela exploração da mão-de-obra humana. Esse fenômeno foi causado por dois fatores principais: pela revolução tecnológica, que culminou na automação da produção de mercadorias, e pela primazia do capital financeiro sobre o capital produtivo. [...] A crise do Estado do Bem-Estar, nos meados dos anos 1970, deu lugar ao reaparecimento de idéias e práticas liberais ou ao que se convencionou chamar de neoliberalismo (CHAUI-BERLINCK, 2008, p. 165-166).

Os principais traços da economia e da política neoliberais que nos interessam por ora são: a dispersão e fragmentação da produção industrial, o encolhimento do espaço público e o alargamento do espaço privado.

a) Quanto à dispersão e fragmentação da produção industrial:

> [...] a terceirização da produção tornou-se estrutural, deixando de ser um suplemento à produção industrial porque, agora, a produção não mais se realiza sob a forma que possuía na fase industrial fordista. Nesta, o capital induzira o aparecimento das grandes fábricas nas quais havia o controle de todas as etapas da produção (indo desde a produção ou extração da matéria-prima, passando pela produção fabril e indo à distribuição do produto no mercado de consumo) e prevaleciam as idéias de qualidade e durabilidade dos produtos do trabalho (levando, por exemplo, à formação de grandes estoques para a travessia dos anos). Ao contrário, na fase pós-industrial, o capital opera por fragmentação e dispersão de todas as esferas e etapas da produção, pela compra de serviços no mundo inteiro, pelo desmantelamento das operações em linha de montagem e pelo abandono da formação de grandes estoques de produtos duráveis, substituídos pelos descartáveis de pequena duração. Como conseqüência, os trabalhadores, que podiam identificar-se como classe a partir do local de trabalho, se dispersam, perdem seus referenciais de identidade e suas formas de organização perdem força e poder (CHAUI-BERLINCK, 2008, p. 168).

Essa dispersão e perda dos referenciais coletivos de identificação refletem-se imediatamente na presença do individualismo competitivo, portanto, nas formas de relacionamento entre as pessoas e também na forma de estas se relacionarem social e profissionalmente.

Neste novo contexto, assistimos ao aparecimento da figura do sofredor psíquico ou do paciente como um indivíduo isolado, destituído de redes de relações sociais, e a do at como portador da possibilidade de alguma inclusão social. Porém, ao mesmo tempo, observamos que o fenômeno da dispersão e fragmentação do trabalho atinge o próprio AT, explicitada pela indeterminação de seus saberes e dos profissionais que aí atuam, gerando a falta de identidade. Contudo, simultaneamente, também encontramos os ats em busca de uma identidade que talvez os pudesse definir como classe ou categoria profissional ou como grupo social e que assim pudesse lhes dar um sentimento de pertença, identidade, que seria fundamental para uma prática que visa, justamente, criar redes sociais de pertencimento e inclusão num mundo de solidão, isolamento, individualismo competitivo e abandono.

b) Em relação ao encolhimento do espaço público e alargamento do espaço privado, é preciso considerar a crise do Estado do Bem-Estar, que regulava as operações econômicas e assegurava direitos sociais aos cidadãos (educação, saúde, habitação, etc.). Na economia neoliberal,

> [...] é dispensada e rejeitada a presença estatal não só na economia, por meio da privatização das empresas públicas, mas também nas políticas sociais, pela transformação do direitos sociais em serviços que, como tais, também podem ser privatizados (educação, saúde, transporte, abastecimento, água, luz, etc.). A privatização do espaço público tornou-se estrutural. Disso resulta que a idéia de direitos sociais como pressuposto e garantia dos direitos civis ou políticos tende a desaparecer porque o que era um direito social converte-se num serviço privado regulado pelo mercado e, portanto, torna-se uma mercadoria a que têm acesso apenas os que têm poder aquisitivo para adquiri-la, aumentando as desigualdades e exclusões sociais (CHAUI-BERLINCK, 2008, p. 170).

Com o encolhimento do espaço público fica facilitada a ideia de que não há necessidade da figura jurídica do AT (como passou a existir na Argentina a partir de 2010) para que essa prática possa ser realizada como expressão de um direito por meio de um serviço público nos equipamentos públicos. No entanto, justamente porque há a referência aos equipamentos *públicos,* a questão do espaço público reaparece e, como vimos nos discursos das entrevistadas, surge a necessidade da criação de mecanismos para que essa função possa estar presente nesses espaços públicos. Abre-se, dessa maneira, a discussão sobre quais seriam esses mecanismos – a profissionalização, a especialização ou outros ainda.

Ao mesmo tempo, porém, essa discussão aparece com uma outra que vai na direção de impedir que a especificidade pública do AT não se confunda com sua aceitação do que já foi designado por Marilena Chaui (1981) como "o discurso competente". De fato, Foucault (1996) já havia mostrado que a "ordem do discurso" pode ser resumida na seguinte regra: não é qualquer um que pode dizer qualquer coisa a qualquer outro em qualquer lugar e em qualquer circunstância. Quando essa regra se torna a própria maneira pela qual as diferenças e divisões sociais são representadas e praticadas, ela se torna, diz Marilena Chaui, o "discurso competente", que divide a sociedade entre

> [...] dirigentes e executantes: os primeiros, que receberam educação científica e tecnológica, são considerados portadores de saberes que os tornam competentes e por isso com poder de mando, enquanto os executantes, que não possuem conhecimentos tecnológicos e científicos, sabem apenas executar tarefas, sem conhecer as razões e as finalidades de sua ação. São por isso considerados incompetentes e destinados a obedecer. Essa divisão se espalha por todas as instituições sociais sob a forma da ideologia da competência, segundo a qual os que possuem determinados conhecimentos – os especialistas – são competentes e têm o direito de mandar e comandar os demais, incompetentes, em todas as esferas da existência (CHAUI-BERLINCK, 2008, p. 170-171).

Parece-nos que a indeterminação do AT, que, ontem, se erguia contra o saber psiquiátrico, pode ser, hoje, uma reação à força do discurso competente. O receio de compactuar com esse discurso e sua regra de exclusão e inferiorização do outro levam o AT para a indeterminação, como se ao possuir um conhecimento específico, ao ver-se como especialidade clínica, prática e/ou teórica, pudesse sucumbir ao discurso competente e ao privilégio dos especialistas.

Precisamos acrescentar à prática social encenada pelo discurso competente o fato de que a sociedade contemporânea, sob os efeitos das tecnologias de informação, é chamada de "sociedade do conhecimento" para significar que, agora, conhecimento é poder e poder é conhecimento.

Isso nos leva a pensar que talvez seja visto como ameaçador para as outras profissões que fazem uso do AT se este se tornar um saber específico, pois ele ganharia em poder. Por esse motivo, é interessante observar que há diferença em se pensar numa formação *em* AT e na formação *do* at. O at normalmente tem, hoje, uma formação no ensino superior em alguma área ligada à saúde, como psicologia, enfermagem, terapia ocupacional. Porém, quanto à formação *em* AT, muitas vezes ela se dá com a prática somente.

Se levarmos em consideração esses dois aspectos da sociedade pós-moderna que mencionamos (dispersão e fragmentação social ou isolamento individual; a ordem do discurso competente na "sociedade do conhecimento" ou a destituição do outro), talvez possamos compreender algo que perdura no fazer do at desde os primórdios de sua história e que encontramos não apenas nos estudos que temos mencionado, mas também nos discursos de nossas entrevistadas: a questão do *vínculo*, presente nos discursos das variadas épocas, ou a figura pública do acompanhante como aquele que compartilha *afetivamente* a vida e a dor do outro. *Cum panis*.

Considerações finais

Pudemos seguir os caminhos do Acompanhamento Terapêutico ao longo do tempo e os modos como suas práticas se institucionalizaram nos discursos dos ats e na literatura.

Como se trata de uma atividade complexa e multifacetada, os ats apresentam uma diversidade de questões que atravessam seu cotidiano. Dessas questões, retomaremos três temas que estiveram presentes ao longo de todo o trabalho e que podem contribuir para avançar o pensamento e a discussão sobre este campo: a necessidade de uma rede social, a dimensão subjetiva do at e os contornos da profissão.

A necessidade de uma rede social

Do que aparece no discurso das ats entrevistadas e da literatura, podemos concluir que a criação de redes sociais se torna uma necessidade para que sustentem não só o paciente fora da internação, mas também aquele paciente que não precisa de internação, porém sofre, como o outro, pela falta de apoio e projeto de vida e para quem as redes sociais devem sanar essa lacuna. Dessa maneira, vemos a função das redes como complementar à função do at e vice-versa. As redes sociais compartilham informações, conhecimentos, interesses e esforços em busca de objetivos comuns.

Interessam-nos aqui as chamadas redes comunitárias, aquelas redes sociais em bairros ou cidades, e as redes de atenção psicossocial. Entretanto, essas redes, de maneira geral, não são coisa dada, mas precisam ser construídas, e entendemos que seja papel do at ajudar nessa construção. É pela criação dos projetos de vida elaborados com os pacientes, projetos estes que, por sua vez, surgem da escuta atenta dos desejos, que o at contribuirá para a formação das redes.

Cada sujeito terá de formar sua própria rede, mas seu entorno social nem sempre está preparado e disposto a acolhê-lo; é aí que, a nosso ver, entra o at. O at busca a criação de vínculos entre o paciente e seu entorno. Ou seja, para nós a construção de redes é a construção de vínculos, construção de relações que, como vimos, é o que dá ao sujeito identidade, sentimento de pertença, sentido para a vida. As redes sociais oferecem a possibilidade de vínculo tão necessária a todo ser humano. É na construção de redes de convivência social no ambiente do paciente que o AT atuará.

Entretanto, o que vemos, no Brasil, é a escassez e a fragilidade dessa rede, que se constitui tanto por associações e grupos de todos os níveis quanto por instituições especializadas que têm como objetivo esse suporte, como os Centros de Atenção Psicossocial (Caps).

A dimensão subjetiva do at

A dimensão subjetiva do acompanhante é fundamental na realização do trabalho porque este é basicamente realizado na relação eu/outro, acompanhante/acompanhado. E, dessa maneira, podemos perceber por que as ats entrevistadas se referem ao sofrimento e à criação de espaços de relação.

O sofrimento surge nos discursos de maneira imperativa, ou seja, não há Acompanhamento se não houver sofrimento. O sofrimento é o que demanda, o que justifica o Acompanhamento daquele que sofre, isto é, o acompanhado. Entretanto, os discursos nos apresentam também o sofrimento das ats. Não há Acompanhamento sem o sofrimento, a angústia daquele que acompanha. Dessa forma, o acompanhante é aquele que se debruça sobre o sofrimento do outro, que vivencia esse sofrimento e angústia do acompanhado junto a ele, no intuito de aliviá-lo de sua dor. Contudo, nesse processo, o acompanhante vê-se a carregar o ônus do Acompanhamento, qual seja, passa ele a sentir a angústia e o sofrimento. O at, assim como o paciente, é acometido pelo *páthos* da dor, ambos padecem o sofrimento psíquico, algo cuja origem é desconhecida. Assim, o at, afetado desde fora pelas paixões de seus acompanhados, tocado pelos sentimentos desses, vê--se modificado em seus próprios sentimentos. O acompanhante cuida do semelhante dando-lhe potência, potência de vida. Entretanto, nesse processo, o próprio at aparece em sua impotência, ou seja, falta-lhe potência diante de muitas situações, como se ele fosse devorado pela afetividade do acompanhado. Vemos aqui a dimensão do *cum panis* adquirir um novo sentido. Não apenas o do companheiro, o que divide o pão, ou o que traz o pão para ser dividido, mas o do próprio acompanhante oferecer-se como pão, de tal maneira que a relação pode ser eventualmente expressão de uma dinâmica em que o acompanhante é objeto da antropofagia do acompanhado, numa relação de ambivalência: estar junto/oferecer-se. Essa ambivalência provocada pelo sofrimento compartilhado merece atenção especial, como nos lembra David Calderoni (2010) ao escrever:

> [...] O afeto, mais que sentimento privado, é modo de relação. [...] cabe atentar ao ensinamento propiciado por um cidadão que, entrevistado sobre a sua condição de usuário de serviço de saúde mental, perguntou-nos pela definição de psicopatologia. "Aprender com o sofrimento" foi a resposta, diante da qual, ele advertiu: "Cuidado, porque assim sempre se encontra sofrimento. Por isso, eu prefiro aprender com a felicidade" (CALDERONI, 2010, p. 17).

Uma vez que o modo de relação do at com seu acompanhado é fundado no sofrimento, então, conforme o ensinamento supracitado, só pode encontrar mais sofrimento. Prossegue Calderoni (2010):

> [...] envolve o risco de, exacerbando a atenção ao sofrimento, perder de vista o ponto de apoio positivo a partir do qual se pode conhecer a mente. Noutras palavras: não é possível nem aprender nem dar a aprender com o sofrimento se ele é referência, instrumento e ambiência únicos. Ainda que sob a forma de uma mínima esperança, é necessário um grão de encantamento, de alegria e de prazer sem o qual a melancolia leva à morte... (CALDERONI, 2010, p. 17).

Assim, nos vínculos estabelecidos entre acompanhante e acompanhado, as vivências de dor, angústia e sofrimento carregam em si também a esperança e o encantamento sem os quais esse trabalho não seria possível.

Contudo, compartilhar o sofrimento do acompanhado gera sofrimento ao acompanhante. Por esse motivo, concluímos que a atividade do Acompanhamento também deve ter um cuidado, o cuidado com o cuidador.

Os contornos da profissão

O outro tema muito presente nos discursos dos ats e na discussão sobre o AT se refere à ausência de contorno ou os frágeis contornos da profissão e o estabelecimento de metas e fronteiras.

Para a discussão do espaço social do AT como agente de saúde, devemos lembrar que ele nasce no vendaval libertário dos anos 1970, quando o elogio da indeterminação do AT se situa na busca de resistência à ordem vigente, que engessa e enquadra o paciente em diagnósticos psiquiátricos muito rígidos e com prognósticos muito previsíveis. Todavia, com o decorrer da história, essa indeterminação, a ausência de delimitação ou de fronteira, a falta de contorno identitária e de formação regulamentada e reconhecida do AT, opera no sentido contrário e, frequentemente, deixa-o à mercê do saber psiquiátrico, joga-o de volta para o lugar de submissão ao discurso médico, esvaziando todo seu potencial criativo e de resistência (vislumbrado pelas Comunidades Terapêuticas).

O lugar de resistência que pensamos que o at ou o AT ocupa ou deve ocupar é assim definido por Bastos:

> [...] um lugar de resistência é qualquer espaço, coletivo ou individual, tranqüilo ou angustiado, pacífico ou rebelde, em que podemos detectar formas, mais explícitas ou menos explícitas, politizadas ou emocionais, mediante as quais indivíduos, isolada ou coletivamente, encontram-se em desacordo com o modelo pré-estabelecido, isto é, consonantes apenas com as vozes que ecoam aquilo que a sociedade espera que cada um se torne. Em termos Winnicottianos, podemos falar em poder reagir criativamente a algo sentido e interpretado como invasão do ambiente ao desenvolvimento maturacional do indivíduo (BASTOS, 2006, p. 56).

Portanto, a resistência a que nos referimos é, de fato, a capacidade criativa do at, criatividade que inventa novas formas de atender a uma demanda da saúde mental. Sob essa perspectiva, não há como negar os benefícios de ser sem fronteira. O sem fronteira pode possibilitar a criação do novo, do instituinte que quebra os vícios da antiga ordem com sua visão reacionária da repetição do mesmo.

Entretanto, a resistência também pode se dar sem criatividade efetiva. Façamos, aqui, um paralelo com a resistência adolescente, campo abstrato de possibilidades, contra um pai ou uma mãe vistos como rivais, na medida em que desejosos de um enquadramento identitário recusado pelo filho ou pela filha. Em termos psicanalíticos, recusar o enquadramento pelo Pai impede de se legitimar enquanto figura própria perante a Lei. Tendo em mira esse paralelo, uma resistência desse tipo significa, em termos sociais, a impossibilidade de se legitimar perante as leis vigentes e criar um contorno perante elas, isto é, perante o "pai" ou a "mãe" legitimados nas trocas institucionais, sejam elas as trocas no espaço privado (a família) ou trocas no espaço público (o Estado, que emprega assalariados e oferece bens e serviços públicos). Disso pode resultar não uma identidade sem fronteiras, porque criativa, e sim uma identidade profissional sem contorno, indiferenciada. Ou seja, é preciso distinguir entre as duas possibilidades, isto é, uma coisa é não ter contorno rígido, outra é o rompimento do contorno como se não houvesse regra alguma e tudo fosse igualmente possível e permitido. A ausência de contorno rígido não é a ausência de todo contorno ou a indiferença, e sim a presença do contorno com plasticidade, com espaço para ação, para o pensamento, para a novidade, para o imprevisível. Em outras palavras, se a forma da identidade profissional não tem espaço para o imprevisível porque seu contorno é rígido, entretanto, quando não se tem contorno algum, não se tem diferenciação, não há dentro nem fora, não há separação do eu e do outro. Neste caso, o sem fronteira se perde no sem limite. Não há que reduzir a questão à oposição entre o contorno rígido e a indiferenciação ou total ausência de contorno, mas ir em direção a um contorno plástico.

Além disso, precisamos ficar atentos ao fato de que a falta de enquadre (ou o elogio adolescente da ausência de contorno) sem discussão crítica a respeito do campo profissional corre o risco de sair do lugar de resistência à ordem vigente e de proposta instituinte para cair justamente no seu contrário, isto é, na submissão ao discurso médico como "discurso competente", deixando de ter espaço para a construção de um discurso próprio.

Este livro pretende servir como uma construção dialógica para que a possibilidade de flexibilizar contornos leve a discussão para algo criativo e não imobilizante.

Para melhor clarificar nossas considerações, examinemos um pouco mais de perto essa questão. Devemos contudo, para que não se torne abstrata demais, situar o contexto em que aparece a discussão da profissionalização do AT, qual seja, a luta por um lugar nos aparelhos públicos de saúde. O receio de muitos ats em relação à profissionalização está justamente no risco de perder sua liberdade e força instituinte porque a profissão exigiria um código de ética e regras que determinam quem pode e de que maneira pode fazer o AT. No entanto, é preciso levar em consideração o fato de que a empreitada de manter-se numa certa informalidade ou indeterminação pode trazer como consequência a imposição de um limite para o sem limite, um limite imposto de fora, qual seja, a delimitação do espaço de trabalho do AT imposta pelas regras dos aparelhos públicos de saúde. Pensamos que a ideia do AT com contorno plástico poderia responder aos dois lados do problema: a *plasticidade* garante a criatividade e a força instituinte da ação dos ats e o *contorno* assegura que as normas e exigências da profissão são estabelecidas pelos próprios ats, e não por imposição externa. Essa é uma discussão que acreditamos ser de suma importância para o campo do AT e que não deve parar por aqui. Em primeira instância, é preciso refletir sobre quais ações são necessárias para resolver o problema da garantia de lugar de atuação do AT.

Quanto à profissionalização, o exemplo que temos é o da Argentina. Em 2010, o AT foi reconhecido como profissão naquele país e agora possui um código de ética. O quanto isso será impeditivo das forças criativas do AT na Argentina não podemos dizer no momento. Por ora só podemos avaliar sua importância política como figura que, existindo juridicamente, pode ter assegurada sua presença nos serviços de saúde pública. Este é um fato importante se pensarmos que o custo de um at ou uma equipe de ats é bastante alto para que as famílias mais necessitadas possam se beneficiar dessa intervenção. É fato importante também se pensarmos que, para a Reforma Psiquiátrica, o AT pode funcionar como dispositivo essencial na construção das redes de apoio aos usuários. Como garantir a essência sem fronteira do AT e sua presença nos serviços públicos? Essa é uma questão que se impõe na atualidade.

Muitas são as discussões abertas, dada a amplitude desse fazer. Assim, os caminhos do AT são aqueles que trilham esses novos andarilhos do bem que caminham na incerteza de limites de ação, do ponto de chegada e, quiçá, do ponto de partida.

Referências

ALBUQUERQUE, J. A. G. *Metáforas em desordem*. Rio de Janeiro: Paz e Terra, 1978.

AMARANTE, P. et al. *Loucos pela vida*: a trajetória da reforma psiquiátrica no Brasil. Rio de Janeiro: Panorama; ENSP, 1995.

AMARANTE, P. Loucura, cultura e subjetividade. Conceitos e estratégias, percursos e atores da reforma psiquiátrica brasileira. In: Fleury, S. (Org.). *Saúde e democracia: a luta do CEBES*. São Paulo: Lemos Editorial, 1997.

AMARANTE, P. *O homem e a serpente*: outras histórias para a loucura e a psiquiatria. Rio de Janeiro: Fiocruz, 2000.

ARAÚJO, F. *Um passeio esquizo pelo acompanhamento terapêutico*: dos especialismos clínicos à política da amizade. Dissertação (Mestrado em Estudos da Subjetividade) – Departamento de Psicologia, Instituto de Ciências Humanas e Filosofia, Universidade Federal Fluminense, Niterói, 2005.

ARAÚJO, F. *Um passeio esquizo pelo acompanhamento terapêutico:* dos especialismos clínicos à política da amizade. Niterói: Edição do autor, 2007.

ASSOCIAÇÃO PSICANALÍTICA DE PORTO ALEGRE (Org.). *Psicose*: aberturas da clínica. Porto Alegre: APPOA; Editora Libretos, 2007.

BARRETTO, K. D. Ética e técnica no acompanhamento terapêutico: andanças com Dom Quixote e Sancho Pança. 2. ed. São Paulo. Unimarco, 2000.

BASAGLIA, F. *A instituição negada*. 3. ed. Rio de Janeiro: Graal, 2001.

BASTOS, A. L. G. *Tecendo a trama das relações, dos afetos e dos sentidos nas práticas educacionais*. 2005. Tese (Doutorado em Psicologia Escolar e do Desenvolvimento Humano), Instituto de Psicologia, Universidade de São Paulo, São Paulo, 2005.

BAUMAN, Z. *O mal-estar da pós-modernidade*. Rio de Janeiro: Jorge Zahar, 1998.

BAUMAN, Z. *Modernidade líquida*. Rio de Janeiro: Zahar, 2001.

BENEVIDES, R.; PASSOS, E. A humanização como dimensão pública das políticas de saúde. *Ciência e Saúde Coletiva*, Rio de Janeiro, v. 10, n. 3, jul.-set. 2005.

BIRMAN, J. *A psiquiatria como discurso da moralidade*. Rio de Janeiro: Graal, 1978.

BIRMAN, J.; COSTA, J. F. Organização de instituições para uma psiquiatria comunitária. In: AMARANTE, P. (Org.). *Psiquiatria social e reforma psiquiátrica*. Rio de Janeiro: Editora Fiocruz, 1994.

BOUVERESSE, J. et al. O século XX. In: CHATELET, F. *História da filosofia*: idéias e doutrinas. Rio de Janeiro: Zahar, 1974. v. 8.

BRASIL. Ministério da Saúde. Secretaria de Assistência à Saúde. Departamento de Assistência e Promoção à Saúde. Coordenação de Saúde Mental. *Relatório final da 2ª. Conferência Nacional de Saúde Mental*. Brasília: Ministério da Saúde, 1992.

BRASIL. Ministério da Saúde. Secretaria Executiva. Secretaria de Atenção à Saúde. Legislação em saúde mental: 1990-2004. 5.ed. Brasília: Ministério da Saúde, 2004.

CABRAL, K. V. *Acompanhamento terapêutico como dispositivo da reforma psiquiátrica*: considerações sobre o setting. Dissertação (Mestrado em Psicologia Social e Institucional) – Instituto de Psicologia, Universidade Federal do Rio Grande do Sul, Porto Alegre, 2005.

CALDERONI, D. *Carta de princípios do NUPSI-USP.* In: JUSTO, M. G. (Org.). *Invenções democráticas*: a dimensão social da saúde. Belo Horizonte: Autêntica, 2010.

CÂMARA CASCUDO. História da alimentação no Brasil. In: SILVA MELLO. *Roteiros e descobrimentos*. 1943. Disponível em: <www.historiaecultura.pro.br>. Acesso em: 1 jul. 2008.

CARMO, Paulo S. do. *Merleau-Ponty*: uma introdução. São Paulo: Educ, 2002.

CARVALHO, S. S. *Acompanhamento terapêutico*: que clínica é essa? Dissertação (Mestrado em Psicologia) – Instituto de Psicologia, Universidade de Brasília, Brasília, 2002.

CARVALHO, S. S. *Acompanhamento terapêutico*: que clínica é essa? São Paulo: Annablume, 2004.

CASTEL, R. *A ordem psiquiátrica*: a idade de ouro do alienismo. Rio de Janeiro: Graal, 1978.

CAUCHICK, M. P. *Sorrisos inocentes, gargalhadas horripilantes*: intervenções no acompanhamento terapêutico. São Paulo: Annablume, 2001.

CHAUI-BERLINCK, L. *Melancolia*: rastros de dor e de perda. São Paulo: Humanitas/Associação de Acompanhamento terapêutico, 2008.

CHAUI, M. *Cultura e democracia*: o discurso competente e outras falas. São Paulo: Cortez, 1989.

COELHO, C. F. de M. *Convivendo com Miguel e Mônica*: uma proposta de acompanhamento terapêutico de crianças autistas. Dissertação (Mestrado em Psicologia Clínica e Cultura) – Instituto de Psicologia, Universidade de Brasília, Brasília, 2007.

COOPER, D. *Psiquiatria e antipsiquiatria*. São Paulo: Perspectiva, 1973.

EQUIPE DE ACOMPANHANTES TERAPÊUTICOS DO HOSPITAL DIA A CASA (Org.). *A rua como espaço clínico*: acompanhamento terapêutico. São Paulo: Escuta, 1991.

EQUIPE DE ACOMPANHANTES TERAPÊUTICOS DO HOSPITAL DIA A CASA (Org.). *Crise e cidade*: acompanhamento terapêutico. São Paulo: Educ, 1997.

EQUIPE DE ACOMPANHANTES TERAPÊUTICOS DO HOSPITAL DIA A CASA (Org.). *Textos, texturas e tessituras no acompanhamento terapêutico*. São Paulo: Hucitec, 2006.

FEUERWERKER, L. C. M. *Educação dos profissionais de saúde hoje*: problemas, desafios, perspectivas e as propostas do Ministério da Saúde. Revista da ABENO, n. 3, v. 1, p. 24-27, 2003.

FIORATI, R. C. *Acompanhamento terapêutico*: uma estratégia terapêutica em uma unidade de internação psiquiátrica. Dissertação (Mestrado em Psicologia) – Escola de Enfermagem de Ribeirão Preto, Universidade de São Paulo, São Paulo, 2006.

FOUCAULT, M. *Maladie mentale et psychologie*. Paris: PUF, 1962.

FOUCAULT, M. *História da loucura na idade clássica*. São Paulo: Perspectiva, 1978.

FOUCAULT, M. *Vigiar e punir*. Petrópolis:Vozes, 1977.

FOUCAULT, M. *O nascimento da clínica*. 4. ed. Rio de Janeiro: Forense Universitária, 1994.

FOUCAULT, M. *A ordem do discurso*. São Paulo: Edições Loyola, 1996.

FOUCAULT, M. *As palavras e as coisas*: uma arqueologia das ciências humanas. 8. ed. São Paulo: Martins Fontes, 2002.

FULGÊNCIO Jr., L. Interpretando a história: acompanhamento terapêutico de pacientes psicóticos no hospital-dia A Casa. In: EQUIPE DE ACOMPANHANTES TERAPÊUTICOS DO HOSPITAL DIA A CASA (Org.). *A rua como espaço clínico*: acompanhamento terapêutico. São Paulo: Escuta, 1991.

GOFFMAN, E. *A representação do eu na vida cotidiana*. 3. ed. Petrópolis:Vozes, 1985.

GONÇALVES BENEVIDES, L. *A função de publicização do acompanhamento terapêutico na clínica*: o contexto, o texto e o fora-texto do AT. Dissertação (Mestrado em Psicologia) – Departamento de Psicologia, Instituto de Ciências Humanas e Filosofia, Universidade Federal Fluminense, Niterói, 2007.

GINZBURG, C. *Os andarilhos do bem*: feitiçarias e cultos agrários nos séculos XVI e XVII. São Paulo: Companhia das Letras, 1988.

GUIRADO, M. *A clínica psicanalítica na sombra do discurso*: diálogos com aulas de Dominique Maingueneau. São Paulo: Casa do Psicólogo, 2000.

GUIRADO, M. *Instituição e relações afetivas*: o vínculo com o abandono. São Paulo: Casa do Psicólogo, 2004.

GUIRADO, M. *Psicanálise e análise de discurso*: matrizes institucionais do sujeito psíquico. São Paulo: EPU, 2006.

GUIRADO, M. Prefácio. In: GUIRADO, M.; LERNER, R. (Org.). *Psicologia*: pesquisa e clínica. São Paulo: Annablume, 2007.

GUIRADO, M. A análise institucional do discurso como analítica da subjetividade. Tese (Livre docência) – Instituto de Psicologia, Universidade de São Paulo, São Paulo, 2009.

HARVEY, D. *Condição pós-moderna*. São Paulo: Edições Loyola, 1992.

JAPIASSU, H. *Interdisciplinaridade e patologia do saber*. Rio de Janeiro: Imago, 1976.

KALINA, E. *Tratamento de adolescentes psicóticos*. Rio de Janeiro: Francisco Alves, 1986.

LAING, R. D. *A psiquiatria em questão*. Lisboa: Editorial Presença, 1972.

LERNER, R. *Instituições*: da psicanálise na ordem do discurso de agentes de saúde mental. Dissertação (Mestrado em Psicologia) – Instituto de Psicologia, Universidade de São Paulo, São Paulo, 1999.

LERNER, R. *Estudo institucional do atendimento de uma criança diagnosticada como autista*. Tese (Doutorado em Psicologia) – Instituto de Psicologia, Universidade de São Paulo, São Paulo, 2004.

LERNER, R. Matriz discursiva da contra-transferência: discussão ética acerca do acompanhamento terapêutico e de instituições de saúde mental. *Psychê - Revista de Psicanálise*, São Paulo, Unimarco, ano X, n. 18, p. 21-28, set. 2006.

LÓPEZ, M. A. M. *Experiência psicoanalitica e acompañamiento terapêutico*. Madrid: Plaza Valdes, 2006.

MAIA, M. S. O louco na cidade: clinica na rua. Moradia protegida e Acompanhamento Terapêutico. *A Rede - Clínica Ampliada em Saúde Mental*, Belo Horizonte, v. 1, n. 1, p. 58-62, 2002.

MAINGUENEAU, D. *Novas tendências em análise do discurso*. 3. ed. Campinas: Pontes; Editora da Universidade Estadual de Campinas, 1997.

MAINGUENEAU, D. Sobre o discurso e a análise do discurso. In: GUIRADO, M. *A clínica psicanalítica na sombra do discurso*: diálogos com aulas de Dominique Maingueneau. São Paulo: Casa do Psicólogo, 2000. p. 21-31.

MARCONDES, D. *Textos básicos de filosofia*: dos pré-socráticos a Wittgenstein. Rio de Janeiro: Jorge Zahar, 1999.

MAUER, S. K.; RESNIZKY, S. *Acompanhantes terapêuticos e pacientes psicóticos*. Campinas: Papirus, 1987.

MAUER, S. K.; RESNIZKY, S. *Acompanhantes terapêuticos*: atualização teórico-clínica. Buenos Aires: Letra Viva, 2008.

MAUER, S. K.; RESNIZKY, S. *Territórios del acompañamiento terapéutico*. Buenos Aires: Letra Viva, 2005.

MENEZES, L. C. Além do princípio do prazer: a técnica em questão. In: ALONSO, S. L.; LEAL, A. M. S. (Org.). *Freud*: um ciclo de leituras. São Paulo: Escuta; Fapesp, 1997.

MERLEAU-PONTY, M. *L'institution – la passivité*: notes de cours au Collège de France. Tours: Belin, 2003.

METZGER, C. *Um olhar sobre a transferência no acompanhamento terapêutico*. In: EQUIPE DE ACOMPANHANTES TERAPÊUTICOS DO HOSPITAL DIA A CASA (Org.). *Textos, texturas e tessituras no acompanhamento terapêutico*. São Paulo: Hucitec, 2006. p. 173-187.

MORIN, E. Reforme de pensée, transdisciplinarité, reforme de l'Université. *Bulletin Interactif du Centre International de Recherches et Études transdisciplinaires*, n. 12, fév. 1998.

MOURA, C. P. *Algumas considerações sobre o acompanhamento terapêutico. A Rede - Clínica Ampliada em Saúde Mental*, Belo Horizonte, v. 1, n. 1, p. 55-57, 2002.

NICOLESCU, B. *O manifesto da transdisciplinaridade*. São Paulo: Triom, 2001.

NOVO DICIONÁRIO AURÉLIO DA LÍNGUA PORTUGUESA. 2. ed. Rio de Janeiro: Nova Fronteira.

OLIVEIRA, F. de. O surgimento do anti-valor. Capital, força de trabalho e fundo público. In: *Os direitos do anti-valor*: a economia política da hegemonia imperfeita. Petrópolis: Vozes, 1998.

ORTIZ, M. C. M. *Voluntariado em hospitais*: uma análise institucional da subjetividade. (Doutorado em Psicologia) – Instituto de Psicologia, Universidade de São Paulo, São Paulo, 2007.

PICCININI, W. Acompanhante terapêutico. *Pulsional Revista de Psicanálise*, São Paulo, n. 184, p. 93-94, 2005.

PITIÁ, A. C. de A.; FUREGATO, A. R. F. O acompanhamento terapêutico (AT): dispositivo de atenção psicossocial em saúde mental. *Interface*, Botucatu, v. 13, n. 30, set. 2009.

PITIÁ, A. C. de A.; SANTOS, M. A. dos. *Acompanhamento terapêutico*: a construção de uma estratégia clínica. São Paulo: Vetor, 2005.

PSYCHÊ. Revista de Psicanálise. São Paulo, Unimarco, ano X, n. 18, set. 2006.

REIS NETO, R. O. *Acompanhamento terapêutico*: emergência e trajetória histórica de uma prática em saúde mental no Rio de Janeiro. Dissertação (Mestrado em Psicologia Clínica) – Programa de Pós-graduação em Psicologia Clínica, Departamento de Psicologia, Pontifícia Universidade Católica do Rio de Janeiro, Rio de Janeiro, 1995.

ROSSI, G. P. *Acompañamiento terapéutico*: lo cotidiano, las redes e sus interlocutores. Buenos Aires: Polemos, 2007.

SANTOS, L. G. dos; MOTTA, J. M.; DUTRA, M. C. B. Acompanhamento terapêutico e clínica das psicoses. *Revista Latinoamericana de Psicopatologia Fundamental*, São Paulo, v. 8, n. 3, p. 497-514, 2005.

SAPIENZA, B. T. *Conversa sobre terapia*. São Paulo: Paulus; Educ, 2004.

SARBIA, S. B.; LINDEL, N. B. *Diversidades em la practica del acompañamiento terapêutico*. Buenos Aires: Letra Viva, 2010.

SERENO, D. *Acompanhamento terapêutico de pacientes psicóticos*: uma clínica na cidade. Dissertação (Mestrado em Psicologia Clínica) – Instituto de Psicologia, Universidade de São Paulo, São Paulo, 1996.

SILVA, A. S. T. da. *Emergência do acompanhamento terapêutico*: o processo de constituição de uma clínica. Dissertação (Mestrado em Psicologia) – Instituto de Psicologia, Universidade Federal do Rio Grande do Sul, Porto Alegre, 2005.

SIMÕES, C. H. D. *A produção científica sobre o acompanhamento terapêutico no Brasil de 1960 a 2003*: uma análise crítica. Dissertação (Mestrado em Enfermagem) – Faculdade de Ciências Médicas, Universidade Estadual de Campinas, Campinas, 2005.

SZASZ, T. *El mito de la enfermedad mental*. Buenos Aires: Amorrortu, 1968.

TENÓRIO, F. A reforma psiquiátrica brasileira, da década de 1980 aos dias atuais: história e conceito. *História, Ciências, Saúde*, Rio de Janeiro, v. 9, n. 1, p. 25-59, jan.--abr. 2002.

TORRE, E. H. G.; AMARANTE, P. Protagonismo e subjetividade: a construção coletiva no campo da saúde mental. *Ciênc. Saúde Coletiva*, Rio de Janeiro, v. 6, n. 1, 2001. Disponível em: <http://www.scielo.br/scielo.php?>. Acesso em: 10 out. 2012.

TRINDADE, H.; BLANQUER, J-M. *Os desafios da educação na América Latina*. Petrópolis: Vozes, 2002.

WEBER, M. *A ética protestante e o espírito do capitalismo*. São Paulo: Abril Cultural, 1974.

WEIL, P.; D'AMBROSIO, U.; CREMA, R. *Rumo à nova transdisciplinaridade*. São Paulo: Summus, 1993.

ZILBERLEIB, C. M. O. V. *O acompanhamento terapêutico e as relações de objeto em pacientes-limites*. Dissertação (Mestrado em Psicologia Clínica) – Programa de Estudos Pós-graduados em Psicologia Clínica, Faculdade de Ciências Humanas e da Saúde, Pontifícia Universidade Católica de São Paulo, São Paulo, 2005.

Este livro foi composto com tipografia Bembo e impresso
em papel Pólen Bold 70 g/m² na Prol Editora Gráfica.